中国科学院统计年鉴

STATISTICAL YEARBOOK OF CHINESE ACADEMY OF SCIENCES

2013

中国科学院发展规划局　编

Bureau of Development and Planning
Chinese Academy of Sciences

科学出版社
北京
Science Press, Beijing

中国科学院统计年鉴

STATISTICAL YEARBOOK OF
CHINESE ACADEMY OF SCIENCES

2013

中国科学院发展规划局 编

科学出版社 出版

北京东黄城根北街 16 号

邮政编码: 100717

http://www.sciencep.com

中国科学院印刷厂 印刷

科学出版社出版发行

*

2013 年 12 月第　一　版　　开本：787×1092 1/16

2013 年 12 月第一次印刷　　印张：21

字数：470 000

ISBN 978-7-03-039317-3

定价：280.00 元

（如有印装质量问题，我社负责调换）

《中国科学院统计年鉴》(2013)
编委会和编辑人员

一、编委会

主　　编：李静海

副 主 编：潘教峰

编辑委员（以姓氏笔画为序）：

王　凡　　王志伟　　王敬泽　　孔繁文

石　兵　　张　凤　　张晓林　　陈文开

苗　鸿　　索继栓　　曹京华　　崔胜先

二、编辑部工作人员

总 编 辑：潘教峰

副总编辑：石　兵　　崔胜先

责任编辑：刘晓东　　王丽萍

编辑人员（以姓氏笔画为序）：

王　迪　　王丽萍　　王玲俐　　石　磊

卢景秀　　朱　威　　刘　清　　刘晓东

刘筱敏　　杨中波　　杨红梅　　何　峻

张世伟　　金　昆　　金建辉　　郝　帅

徐建辉　　唐　炜　　彭晴晴　　曾　燕

英文翻译和审校：刘晓东　　崔胜先

Members of the Editorial Committee and Editorial Office of the *Statistical Yearbook of Chinese Academy of Sciences*

编 者 说 明

一、《中国科学院统计年鉴》(2013)是一部全面反映中国科学院科技工作和各项事业发展的资料性年刊。本年鉴收录了全院及院属各单位 2012 年的统计数据以及历年全院主要统计数据。

二、本年鉴内容分为 12 个部分,即:学部,机构,人员,经费,基本建设,科技活动,人才培养与引进,专利、科技论文、获奖成果,院、所投资企业开发经营活动,院地合作,国际合作及与港、澳、台交流,文献情报、图书出版。主要统计指标解释附于各部分之后。

三、本年鉴资料来源于综合、业务及其他管理部门年度统计报表。

四、本年鉴部分数据合计数由于单位取舍不同产生的计算误差均未做机械调整。

五、本年鉴各部分中的“按学科分”汇总数据,均指按机构所属学科分,个别情况已另加“注”说明。

六、本年鉴由中国科学院发展规划局会同院机关有关部门及相关单位共同完成。在编辑出版过程中,编辑部得到了各方面的支持和帮助,在此一并致谢。

EDITOR′S NOTES

1. The Statistical Yearbook of Chinese Academy of Sciences, 2013, is an informational almanac which gives an overall description of every major aspect related to CAS′s scientific and technological (S&T) activities and its development. It contains statistical data of institutions and organizations of CAS in 2012 as well as its important statistical information in the past years.

2. The Yearbook consists of the following 12 parts: academic divisions; organizations; personnel; funds; capital construction; S&T activities; talent training and recruitment; patents, publications and award-winning achievements; business activities of CAS and its institution invested enterprises; CAS and domestic cooperation; international cooperation, and exchanges with Hong Kong, Macao and Taiwan regions; documentation information and other publications. Explanatory notes on key indicators are attached at the end of each part.

3. Data contained in the Yearbook are selected from the annual statistical reports of various professional and management departments of the Headquarters of CAS.

4. Details may not add to the total in some statistical tables due to rounding.

5. The definition "By field" in some statistical tables refers to the classification of research fields which the institutes mainly deal with, and notes on some special cases have been attached.

6. The Yearbook is completed by the Bureau of Development and Planning of CAS in cooperation with the relevant departments of CAS Headquarters and concerned institutions. The Editorial Committee extends its gratitude to all those who have rendered their valuable support and assistance during the preparation of this Yearbook.

目　　录
CONTENTS

一、学　部

ACADEMIC DIVISIONS

1-1 历届当选的中国科学院院士（学部委员）人数按学部分布

CAS Members, by Academic Division and Election Year

单位：人 (person)

年 份 Year	合计 Total	数学物理学部 Division of Mathematics and Physics	化学部 Division of Chemistry	生命科学和医学学部 Division of Life Sciences and Medicine	地学部 Division of Earth Sciences	信息技术科学部 Division of Information Technical Sciences	技术科学部 Division of Technological Sciences
总 计 Total	**1194**	**213**	**197**	**254**	**211**	**18**	**301**
1955	172	30	22	60	24		36
1957	18	6	2	5	3		2
1980	283	51	51	53	64		64
1991	210	38	35	34	35		68
1993	59	10	10	11	10		18
1995	59	10	9	12	10		18
1997	58	9	10	12	10		17
1999	55	10	8	11	10		16
2001	56	10	10	12	9		15
2003	58	10	10	11	10		17
2005	51	8	9	12	7	6	9
2007	29	6	6	7	4	1	5
2009	35	6	8	5	5	4	7
2011	51	9	7	9	10	7	9

1-2　现有院士人数按学部分布（2012 年）

Present CAS Members, by Academic Division: 2012

单位：人　　(person)

	合计 Total	数学物理学部 Division of Mathematics and Physics	化学部 Division of Chemistry	生命科学和医学学部 Division of Life Sciences and Medicine	地学部 Division of Earth Sciences	信息技术科学部 Division of Information Technical Sciences	技术科学部 Division of Technological Sciences
总　计 Total	**710**	**136**	**123**	**124**	**116**	**82**	**129**
其中：女性 Of which: Female	43	8	8	14	6	3	4
中国科学院 CAS	269	63	44	56	52	31	23
高等院校 Institutions of higher education	319	54	72	48	34	38	73
其他单位 Other institutions	122	19	7	20	30	13	33

注：1.另有 64 位中国科学院外籍院士。
Note: In addition, CAS has 64 foreign members.

2. 2004 年 6 月，生物学部更名为生命科学和医学学部，技术科学部划分为信息技术科学部、技术科学部。
In June 2004, Division of Biological Sciences changed its name into Division of Life Sciences and Medicine, while, Division of Technological Sciences was divided into Division of Information Technical Sciences and Division of Technological Sciences.

1-3　中国科学院院士年龄情况（2012 年）

Age Distribution of CAS Members: 2012

单位：人　　(person)

	合计 Total	40~49 岁 Aged 40~49	50~59 岁 Aged 50~59	60~69 岁 Aged 60~69	70~79 岁 Aged 70~79	80~89 岁 Aged 80~89	90 岁以上 Aged 90
总　计 Total	**710**	**32**	**90**	**66**	**279**	**179**	**64**
数学物理学部 Division of Mathematics and Physics	136	6	12	14	64	32	8
化学部 Division of Chemistry	123	7	25	9	33	36	13
生命科学和医学学部 Division of Life Sciences and Medicine	124	7	22	14	34	37	10
地学部 Division of Earth Sciences	116	1	14	11	59	23	8
信息技术科学部 Division of Information Technical Sciences	82	5	8	5	41	18	5
技术科学部 Division of Technological Sciences	129	6	9	13	48	33	20

1-4 中国科学院学部咨询报告

Consultation Reports Submitted by CAS Academic Divisions

年　份 Year	咨询报告和院士建议 Consultation reports and suggestions （篇） (Article)	学术和科普报告会 Academic and popular science meetings （场） (Time)
2000	29	16
2001	80	12
2002	21	27
2003	39	25
2004	49	93
2005	17	91
2006	34	115
2007	22	65
2008	40	49
2009	34	80
2010	22	78
2011	18	126
2012	33	148

注：学部咨询报告和院士建议是根据国家需求，由学部组织或院士个人对国家重大科学技术问题提出的咨询意见和建议。

Note: The consultation reports and suggestions submitted by CAS Academic Divisions or its individual members are, in accordance with the nation’s demands, on the national major science and technology issues.

二、机　构

ORGANIZATIONS

2-1 院直属单位发展情况

Development of Units Directly under CAS

单位：个 (unit)

年 份 Year	院直属事业单位 Institutions directly under CAS	科研机构 Research units	院直接投资的控股企业 CAS invested holding enterprises
1949	25	22	
1952	36	31	
1957	97	67	
1962	117	99	
1966	135	106	
1975	80	63	
1980	156	117	
1985	157	122	
1990	159	123	
1994	159	123	5
1995	161	124	5
1996	158	123	8
1997	157	123	10
1998	155	121	10
1999	149	115	8
2000	145	112	8
2001	120	94	18
2002	112	85	23
2003	116	89	23
2004	116	89	21
2005	115	90	21
2006	116	91	22
2007	116	91	24
2008	113	92	24
2009	117	97	24
2010	117	97	22
2011	118	98	22
2012	124	104	22

2-2 院直属事业单位（2012 年）

Institutions Directly under CAS: 2012

序号 No.	单位名称 Unit	序号 No.	单位名称 Unit
	合计: 124 个 Total: 124 units	13	地理科学与资源研究所 Inst. of Geographic Sciences and Natural Resources Research
	北京市: 47 个 Beijing: 47 units	14	青藏高原研究所 Inst. of Tibetan Plateau Research
1	数学与系统科学研究院 Academy of Mathematics and Systems Science	15	地质与地球物理研究所 Inst. of Geology and Geophysics
2	物理研究所 Inst. of Physics	16	古脊椎动物与古人类研究所 Inst. of Vertebrate Paleontology and Paleoanthropology
3	声学研究所 Inst. of Acoustics	17	大气物理研究所 Inst. of Atmospheric Physics
4	理论物理研究所 Inst. of Theoretical Physics	18	遥感与数字地球研究所 Inst. of Remote Sensing and Digital Earth
5	理化技术研究所 Technical Inst. of Physics and Chemistry	19	植物研究所 Inst. of Botany
6	高能物理研究所 Inst. of High Energy Physics	20	动物研究所 Inst. of Zoology
7	国家天文台 National Astronomical Observatories of China	21	心理研究所 Inst. of Psychology
8	力学研究所 Inst. of Mechanics	22	微生物研究所 Inst. of Microbiology
9	化学研究所 Inst. of Chemistry	23	生物物理研究所 Inst. of Biophysics
10	生态环境研究中心 Research Center for Eco-Environmental Sciences	24	遗传与发育生物学研究所 Inst. of Genetics and Developmental Biology
11	国家纳米科学中心 National Center for Nanoscience and Technology	25	北京基因组研究所 Beijing Inst. of Genomics
12	过程工程研究所 Inst. of Process Engineering	26	计算技术研究所 Inst. of Computing Technology

续表 2-2

序号 No.	单位名称 Unit	序号 No.	单位名称 Unit
27	计算机网络信息中心 Computer Network Information Center	44	行政管理局 Bureau of Administration and Logistics
28	软件研究所 Inst. of Software	45	中国科学院大学 University of CAS
29	信息工程研究所 Inst. of Information Engineering	46	国家科学图书馆（筹） National Science Library
30	半导体研究所 Inst. of Semiconductors	47	中国科学报社 China Science Daily
31	微电子研究所 Inst. of Microelectronics		天津市: 1 个 Tianjin: 1 unit
32	电子学研究所 Inst. of Electronics	48	天津工业生物技术研究所 Tianjin Inst. of Industrial Biotechnology
33	光电研究院 Academy of Opto-Electronics		山西省: 1 个 Shanxi Province: 1 unit
34	电工研究所 Inst. of Electrical Engineering	49	山西煤炭化学研究所 Shanxi Inst. of Coal Chemistry
35	工程热物理研究所 Inst. of Engineering Thermophysics		辽宁省: 5 个 Liaoning Province: 5 units
36	空间科学与应用研究中心 Center for Space Science and Applied Research	50	大连化学物理研究所 Dalian Inst. of Chemical Physics
37	空间应用工程与技术中心 Technology and Engineering Center for Space Utilization	51	沈阳应用生态研究所 Shenyang Inst. of Applied Ecology
38	自动化研究所 Inst. of Automation	52	沈阳自动化研究所 Shenyang Inst. of Automation
39	对地观测与数字地球科学中心 Center for Earth Observation and Digital Earth	53	金属研究所 Inst. of Metal Research
40	自然科学史研究所 Inst. of History of Natural Sciences	54	沈阳分院 Shenyang Branch
41	科技政策与管理科学研究所 Inst. of Policy and Management		吉林省: 4 个 Jilin Province: 4 units
42	北京综合研究中心 Beijing Advanced Sciences and Innovation Centre	55	长春应用化学研究所 Changchun Inst. of Applied Chemistry
43	中国科学院机关 CAS Head Office	56	东北地理与农业生态研究所 Northeast Inst. of Geography and Agroecology

续表 2-2

序号 No.	单位名称 Unit	序号 No.	单位名称 Unit
57	长春光学精密机械与物理研究所 Changchun Inst. of Optics，Fine Mechanics and Physics		江苏省: 7 个 Jiangsu Province: 7 units
58	长春分院 Changchun Branch	71	紫金山天文台 Purple Mountain Observatory
	上海市: 11 个 Shanghai: 11 units	72	南京地理与湖泊研究所 Nanjing Inst. of Geography and Limnology
59	上海应用物理研究所 Shanghai Inst. of Applied Physics	73	南京地质古生物研究所 Nanjing Inst. of Geology and Palaeontology
60	上海天文台 Shanghai Observatory	74	南京土壤研究所 Nanjing Inst. of Soil Science
61	上海硅酸盐研究所 Shanghai Inst. of Ceramics	75	苏州纳米技术与纳米仿生研究所 Suzhou Inst. of Nano-Tech and Nano-Bionics
62	上海有机化学研究所 Shanghai Inst. of Organic Chemistry	76	苏州生物医学工程技术研究所 Suzhou Inst. of Biomedical Engineering and Technology
63	上海生命科学研究院 Shanghai Institutes for Biological Sciences	77	南京分院 Nanjing Branch
64	上海微系统与信息技术研究所 Shanghai Inst. of Microsystem and Information Technology		安徽省: 2 个 Anhui Province: 2 units
65	上海光学精密机械研究所 Shanghai Inst. of Optics and Fine Mechanics	78	合肥物质科学研究院 Hefei Institutes of Physical Sciences
66	上海技术物理研究所 Shanghai Inst. of Technical Physics	79	中国科学技术大学 University of Science and Technology of China
67	上海药物研究所 Shanghai Inst. of Materia Medica		福建省: 2 个 Fujian Province: 2 units
68	上海高等研究院 Shanghai Advanced Research Institute	80	福建物质结构研究所 Fujian Inst. of Research on the Structure of Matter
69	上海分院 Shanghai Branch	81	城市环境研究所 Inst. of Urban Environment
	浙江省: 1 个 Zhejiang Province: 1 unit		江西省: 1 个 Jiangxi Province: 1 unit
70	宁波材料技术与工程研究所 Ningbo Inst. of Material Technology and Engineering	82	庐山疗养院 Lushan Sanatorium

续表 2-2

序号 No.	单位名称 Unit	序号 No.	单位名称 Unit
	山东省: 4 个 Shandong Province: 4 units	95	广州地球化学研究所 Guangzhou Inst. of Geochemistry
83	海洋研究所 Inst. of Oceanology	96	南海海洋研究所 South China Sea Inst. of Oceanology
84	青岛疗养院 Qingdao Sanatorium	97	华南植物园 South China Botanical Garden
85	青岛生物能源与过程研究所 Qingdao Inst. of Bioenergy and Bioprocess Technology	98	广州能源研究所 Guangzhou Inst. of Energy Conversion
86	烟台海岸带研究所 Yantai Inst. of Coastal Zone Research	99	广州生物医药与健康研究院 Guangzhou Institutes of Biomedicine and Health
	湖北省: 7 个 Hubei Province: 7 units	100	深圳先进技术研究院 Shenzhen Institutes of Advanced Technology
87	武汉物理与数学研究所 Wuhan Inst. of Physics and Mathematics	101	广州分院 Guangzhou Branch
88	武汉岩土力学研究所 Wuhan Inst. of Rock and Soil Mechanics		四川省: 4 个 Sichuan Province: 4 units
89	测量与地球物理研究所 Inst. of Geodesy and Geophysics	102	成都山地灾害与环境研究所 Chengdu Inst. of Mountain Hazards and Environment
90	武汉植物园 Wuhan Botanical Garden	103	成都生物研究所 Chengdu Inst. of Biology
91	水生生物研究所 Inst. of Hydrobiology	104	光电技术研究所 Inst. of Optics and Electronics
92	武汉病毒研究所 Wuhan Inst. of Virology	105	成都分院 Chengdu Branch
93	武汉分院 Wuhan Branch		重庆市: 1 个 Chongqing: 1 unit
	湖南省: 1 个 Hunan Province: 1 unit	106	重庆绿色智能技术研究院 Chongqing Inst. of Green and Intelligent Technology
94	亚热带农业生态研究所 Inst. of Subtropical Agriculture		贵州省: 1 个 Guizhou Province: 1 unit
	广东省: 7 个 Guangdong Province: 7 units	107	地球化学研究所 Inst. of Geochemistry

续表 2-2

序号 No.	单 位 名 称 Unit	序号 No.	单 位 名 称 Unit
	云南省: 4 个 Yunnan Province: 4 units	116	近代物理研究所 Inst. of Modern Physics
108	昆明植物研究所 Kunming Inst. of Botany	117	兰州化学物理研究所 Lanzhou Inst. of Chemical Physics
109	西双版纳热带植物园 Xishuangbanna Tropical Botanical Garden	118	寒区旱区环境与工程研究所 Cold and Arid Regions Environmental and Engineering Research Inst.
110	昆明动物研究所 Kunming Inst. of Zoology	119	兰州分院 Lanzhou Branch
111	昆明分院 Kunming Branch		青海省: 2 个 Qinghai Province: 2 units
	陕西省: 4 个 Shaanxi Province: 4 units	120	青海盐湖研究所 Qinghai Inst. of Saline Lakes
112	国家授时中心 National Time Service Center	121	西北高原生物研究所 Northwest Inst. of Plateau Biology
113	西安光学精密机械研究所 Xi’an Inst. of Optics and Precision Mechanics		新疆维吾尔自治区: 3 个 Xinjiang Uygur Autonomous Region: 3 units
114	地球环境研究所 Inst. of Earth Environment	122	新疆理化技术研究所 Xinjiang Technical Inst. of Physics and Chemistry
115	西安分院 Xi’an Branch	123	新疆生态与地理研究所 Xinjiang Inst. of Ecology and Geography
	甘肃省: 4 个 Gansu Province: 4 units	124	新疆分院 Xinjiang Branch

注: Inst.—Institute.

2-3 院直接投资的控股企业（2012 年）
CAS Invested Holding Enterprises: 2012

序号 No.	单 位 名 称 Unit
	合计: 22 个 Total: 22 units
	北京市: 12 个 Beijing: 12 units
1	中国科学院国有资产经营有限责任公司 CAS Holdings Co., Ltd.
2	联想控股有限公司 Legend Holdings Co., Ltd.
3	中科实业集团（控股）有限公司 China Sciences Holdings Co., Ltd.
4	东方科学仪器进出口集团有限公司 Oriental Scientific Instrument Import & Export Group Co., Ltd.
5	中国科技出版传媒集团有限公司 China Science Publishing & Media Ltd.
6	中国科技产业投资管理有限公司 China S&T Industry Investment Management Co.,Ltd.
7	北京中科科仪股份有限公司 KYKY Technology Co., Ltd.
8	北京中科院软件中心有限公司 CAS Beijing Software Co., Ltd.
9	中科院建筑设计研究院有限公司 CAS Architectural Design Institute Co., Ltd.
10	北京中科资源有限公司 CAS Beijing Resources Co., Ltd.
11	中科院科技服务有限公司 CAS S&T Service Co., Ltd.
12	国科嘉和（北京）投资管理有限公司 CASH Capital (Beijing) Investment Management Co.,Ltd.
	上海市: 1 个 Shanghai: 1 unit

续表 2-3

序号 No.	单 位 名 称 Unit
13	上海碧科清洁能源技术有限公司 Shanghai Bi Ke Clean Energy Technology Co., Ltd.
	辽宁省: 2 个 Liaoning Province: 2 units
14	中国科学院沈阳计算技术研究所有限公司 CAS Shenyang Institute of Computing Technology Co., Ltd.
15	中国科学院沈阳科学仪器股份有限公司 CAS Shenyang Scientific Instrument Co., Ltd.
	江苏省: 1 个 Jiangsu Province: 1 unit
16	南京中科天文仪器有限公司 CAS Nanjing Astronomic Instrument Co., Ltd.
	四川省: 3 个 Sichuan Province: 3 units
17	中国科学院成都有机化学有限公司 CAS Chengdu Organic Chemistry Co., Ltd.
18	中科院成都信息技术有限公司 CAS Chengdu Information Technology Co., Ltd.
19	成都中科唯实仪器有限责任公司 CAS Chengdu Weishi Instrument Co., Ltd.
	广东省: 3 个 Guangdong Province: 3 units
20	中科院广州化学有限公司 CAS Guangzhou Chemistry Co., Ltd.
21	中科院广州电子技术有限公司 CAS Guangzhou Electronics Technology Co., Ltd.
22	深圳中科院知识产权投资有限公司 CAS Shenzhen Intellectual Property Investment Co., Ltd.

主要统计指标解释

1. 院直属单位

院直属单位指经国家正式批准的院直属独立核算单位。独立核算单位的条件是：行政上是具有独立法人资格的单位；财务上独立核算盈亏，独立编制资金平衡表或财务预算、决算表；有权与其他单位签订合同。

2. 事业单位

事业单位指以社会公益为目的，利用国有资产从事科研、服务、教育等活动的院直属具有法人资格的组织。

3. 企业单位

企业单位指院直属从事商品生产、流通、经营和服务性经济活动，以营利为目的并在工商行政管理部门登记的独立核算单位。

Explanatory Notes on Key Indicators

1. Units directly under CAS

This refers to the independent accounting units directly under the jurisdiction of the CAS, which are established on the formal approval of the State. Independent accounting units should enjoy corporate status, assume sole responsibility for their profits or losses, compile independently their financial balance sheets or financial budgets and final accounts, have the right to sign contracts with other organizations and establish their own bank accounts.

2. Institutions

This refers to those units of corporate capacity under CAS, aiming at improving the social welfare, and utilizing the state-owned assets and resources to engage in activities such as scientific research, services, and education.

3. Enterprises

This refers to CAS independent accounting units, which are engaged in the commodity production, circulation and business activities as well as service activities with the aim of making profits and are registered in industrial and commercial administrative departments.

三、人　员

PERSONNEL

3-1 事业单位在职职工分类情况

Classification of CAS Regular Staff

单位：人 (person)

年份 Year	总计 Total	其中：女性 Of which: Female	干部 Cadres						工人 Workers
			合计 Total	专业技术人员 Professional and technical staff				行政管理人员 Administrative staff	
				小计 Subtotal	高级 Senior	中级 Middle level	初级及未定 Junior and others		
1949	575		416	345	122	112	82	71	159
1950	1063		789	562	165	206	141	227	274
1951	1494		1105	811	220	290	228	294	389
1952	5239		3014	1967	351	405	754	1047	2225
1953	7262		4382	2776	391	470	1309	1606	2880
1954	7043		4745	3296	413	493	1560	1449	2298
1955	7978		5817	4152	488	536	1953	1665	2161
1956	14209		11336	8476	731	815	3735	2860	2873
1957	17294		13347	10566	753	931	4750	2781	3947
1958	34049		21558	14979	752	938	5770	6579	12491
1959	45769		32421	20022	680	847	7103	12399	13348
1960	57976		37505	23898	736	1137	9316	13607	20471
1961	40957		28586	19128	590	1219	9794	9458	12371
1962	42143		32285	23179	623	2113	13198	9106	9858
1963	46198		35355	25264	640	2354	14866	10091	10843
1964	52775		39969	28822	696	2719	16634	11147	12806
1965	60258		44341	30835	688	2874	18375	13506	15917
1966	61681		44900	31109	693	2973	18644	13791	16781
1973	35157		24911	16407	414	1768	11289	8504	10246
1974	36635		25944	17242	408	1764	11907	8702	10691
1975	48716		33134	20749	505	1874	14675	12385	15582
1976	51824		34736	19915	429	1903	15496	14821	17088
1977	54756		36811	20592	413	1894	17357	16219	17945
1978	79755		52045	38189	1261	10380	19253	13856	27710
1979	83488	28544	55076	43058	2238	21411	19409	12018	28412
1980	84497	28897	55813	44098	2737	22795	18566	11715	28684
1981	76644	26319	50026	40239	2724	22016	15499	9787	26618
1982	78109	26728	52092	42931	3076	25267	14588	9161	26017
1983	78439	26786	52610	44295	3283	26014	14998	8315	25829
1984	80792			44850	3204		16120	9249	26693
1985	81501			46056	3491		17371	9145	26300

续表 3-1

年 份 Year	总 计 Total	其中: 女性 Of which: Female	干 部 Cadres							工 人 Workers
			合 计 Total	专业技术人员 Professional and technical staff				行政管理人员 Administrative staff		
				小 计 Subtotal	高 级 Senior	中 级 Middle level	初级及未定 Junior and others			
1986	82326	28484	57363	49865	8358	22716	18791	7498		24963
1987	82721	28624	59667	52628	10638	23138	18852	7039		23054
1988	83969	29248	62328	55910	12010	24413	19487	6418		21641
1989	84287	29157	63499	57550	13280	24328	19942	5949		20788
1990	84848	29031	64554	59028	14574	25043	19411	5526		20294
1991	84909	29088	65179	59800	14810	24621	20369	5379		19730
1992	83909	28638	64592	59387	15612	24714	19061	5205		19317
1993	81456	27645	62930	57878	16735	24468	16675	5052		18526
1994	78295	26462	60443	55565	17267	23649	14649	4878		17852
1995	75039	25314	58021	52992	17774	22446	12772	5029		17018
1996	71763	24224	55523	47789	16712	19842	11235	7734		16240
1997	68292	23073	52721	45124	16618	18397	10109	7597		15571
1998	65003	21980	49983	42693	16031	17169	9493	7290		15020
1999	61681	20612	47264	40175	15031	15992	9152	7089		14417
2000	58683	19472	44991	38319	14542	15135	8642	6672		13692
2001	54972	18027	42601	36343	14091	13991	8261	6258		12371
2002	45561	14859	35973	30596	13081	11429	6086	5377		9588
2003	43760	14250	34673	29387	12736	10771	5880	5286		9087
2004	43162	13918	34611	29474	13058	10852	5564	5137		8551
2005	43140	13770	34923	29932	13119	11180	5633	4991		8217
2006	43446	13812	35791	30677	13532	11601	5544	5114		7655
2007	43817	13907	36648	31479	13639	12298	5542	5169		7169
2008	50340	16381	43082	37623	14772	13903	8948	5459		7258
2009	54574	17771	47486	41992	16271	15514	10207	5494		7088
2010	57849	19057	50863	45427	17649	17108	10670	5436		6986
2011	60683	20209	53934	48425	19050	18650	10725	5509		6749
2012	64672	21783	58263	52550	21060	19905	11585	5713		6409

注: 1. 1949~1978 年专业技术人员中，高级、中级、初级仅包括科研人员和高校教学人员，因此专业技术人员小计>高级+中级+初级。

Note: The data of senior, middle level and junior in the category of professional and technical staff from 1949 to 1978 only include research and technical people and teaching staff in the universities. Therefore, the total number of professional and technical staff is more than that of the senior, middle and junior level.

2. 1967~1972 年全院职工分类无统计数据。女性职工 1949~1978 年无统计数据。

The statistical data for female staff from 1949 to 1978 and that for the total CAS staff from 1967 to 1972 are not available.

3. 自 2002 年起，在职职工人数的统计范围仅指院属事业单位在编职工。

Since 2002, the number of regular staff only refers to all the regular staff of CAS institutions.

4. 自 2008 年起，事业单位在职职工人数的统计范围是指院属事业单位在编职工和项目聘用人员。

Since 2008, the number of regular staff includes both the regular staff of all CAS institutions and the staff by project contract.

3-2 事业单位在职职工及

CAS Regular Staff and

单位：人

系统及单位 System and unit	在职职工 总　计 Regular staff total	其中: 女性 Of which: Female
总计 **Total**	**64672**	**21783**
一、按系统分 By system		
（一）科研机构 Research units		
数学、物理 Mathematics & physics	11640	3397
化学与化工 Chemistry & chemical engineering	7737	2588
地学 Earth sciences	7366	2299
生物学 Biological sciences	11318	5010
技术科学 Technological sciences	18234	5226
其他 Others	254	103
（二）学校及公共支撑机构 Universities and public supporting organizations		
技术支撑 Supporting organizations	668	246
学校 Universities	3661	1171
文献情报、新闻出版 Documentation,information & publication	839	450
服务与福利 Service & welfare	1467	792
（三）管理机构 Management organizations		
中国科学院本部 CAS Headquarters	529	170
地区管理部门 CAS Branches	959	331

离退休人员情况（2012 年）

Retired Personnel: 2012

(person)

干部 Cadres							工人 Workers	离、退休人员总数 Total retired personnel
合计 Total	专业技术人员 Professional and technical staff					行政管理人员 Adminis-trative staff		
	小计 Subtotal	高级 Senior	其中：正高级 Of which: Full professorship	中级 Middle level	初级及未定 Junior and others			
58263	**52550**	**21060**	**7844**	**19905**	**11585**	**5713**	**6409**	**45499**
10370	9473	4091	1509	3367	2015	897	1270	8863
7114	6649	2893	1018	2466	1290	465	623	5886
6946	6224	2862	1224	2462	900	722	420	4987
10583	9613	3455	1492	3909	2249	970	735	6719
16261	15223	5546	1745	5765	3912	1038	1973	13040
251	213	124	49	77	12	38	3	115
666	647	142	16	248	257	19	2	45
3215	2771	1526	671	1013	232	444	446	2473
808	716	217	59	301	198	92	31	466
760	617	25	2	109	483	143	707	866
519	84	56	26	28		435	10	697
770	320	123	33	160	37	450	189	1342

系统及单位 System and unit	在职职工 总　计 Regular staff total	其中: 女性 Of which: Female
二、按单位分 By unit		
北京市 Beijing		
数学与系统科学研究院 Academy of Mathematics and Systems Science	371	111
物理研究所 Inst. of Physics	505	151
声学研究所 Inst. of Acoustics	774	207
理论物理研究所 Inst. of Theoretical Physics	61	18
理化技术研究所 Technical Inst. of Physics and Chemistry	480	156
高能物理研究所 Inst. of High Energy Physics	1422	466
北京综合研究中心 Beijing Advanced Science and Innovation Centre	33	11
国家天文台 National Astronomical Observatories of China	1154	332
力学研究所 Inst. of Mechanics	478	134
化学研究所 Inst. of Chemistry	609	272
生态环境研究中心 Research Center for Eco-Environmental Sciences	390	146
国家纳米科学中心 National Center for Nanoscience and Technology	192	82
过程工程研究所 Inst. of Process Engineering	519	210
地理科学与资源研究所 Inst. of Geographic Sciences and Natural Resources Research	765	260
遥感与数字地球研究所 Inst. of Remote Sensing and Digital Earth	351	124
对地观测与数字地球科学中心 Center for Earth Observation and Digital Earth	317	97
地质与地球物理研究所 Inst. of Geology and Geophysics	696	173

干部 Cadres							工人 Workers	离、退休人员总数 Total retired personnel
合计 Total	专业技术人员 Professional and technical staff					行政管理人员 Adminis-trative staff		
	小计 Subtotal	高级 Senior	其中：正高级 Of which: Full professorship	中级 Middle level	初级及未定 Junior and others			
358	294	185	121	107	2	64	13	314
458	399	302	137	69	28	59	47	534
732	684	338	103	256	90	48	42	598
61	49	35	28	9	5	12		40
446	404	203	73	164	37	42	34	419
1251	1147	533	170	404	210	104	171	1204
33	2			1	1	31		
1033	947	427	154	324	196	86	121	605
435	403	216	65	143	44	32	43	496
586	567	302	95	175	90	19	23	551
380	353	156	65	164	33	27	10	326
192	178	73	32	81	24	14		1
501	458	217	58	198	43	43	18	340
728	675	266	128	308	101	53	37	552
338	312	123	38	147	42	26	13	112
305	273	118	44	110	45	32	12	77
642	561	282	129	238	41	81	54	599

系统及单位 System and unit	在职职工 总　计 Regular staff total	其中: 女性 Of which: Female
青藏高原研究所 Inst. of Tibetan Plateau Research	238	79
古脊椎动物与古人类研究所 Inst. of Vertebrate Paleontology and Paleoanthropology	152	54
大气物理研究所 Inst. of Atmospheric Physics	490	192
植物研究所 Inst. of Botany	695	322
动物研究所 Inst. of Zoology	414	193
心理研究所 Inst. of Psychology	193	107
微生物研究所 Inst. of Microbiology	485	271
生物物理研究所 Inst. of Biophysics	545	311
遗传与发育生物学研究所 Inst. of Genetics and Developmental Biology	560	257
北京基因组研究所 Beijing Inst. of Genomics	300	156
计算技术研究所 Inst. of Computing Technology	666	218
软件研究所 Inst. of Software	509	203
半导体研究所 Inst. of Semiconductors	680	222
微电子研究所 Inst. of Microelectronics	958	314
电子学研究所 Inst. of Electronics	928	292
光电研究院 Academy of Opto-Electronics	290	103
自动化研究所 Inst. of Automation	645	190
电工研究所 Inst. of Electrical Engineering	436	121
工程热物理研究所 Inst. of Engineering Thermophysics	368	93

续表 3-2

干部 Cadres							工人 Workers	离、退休人员总数 Total retired personnel
合计 Total	专业技术人员 Professional and technical staff					行政管理人员 Administrative staff		
	小计 Subtotal	高级 Senior	其中：正高级 Of which: Full professorship	中级 Middle level	初级及未定 Junior and others			
238	218	90	34	74	54	20		1
152	135	81	34	39	15	17		140
468	437	211	90	200	26	31	22	312
645	593	221	87	310	62	52	50	511
396	362	155	74	172	35	34	18	352
190	166	89	36	70	7	24	3	102
466	431	171	73	200	60	35	19	324
530	471	188	82	204	79	59	15	471
534	464	209	83	206	49	70	26	459
290	266	54	24	107	105	24	10	
626	599	251	63	282	66	27	40	961
493	452	150	58	182	120	41	16	226
599	562	211	99	216	135	37	81	630
879	842	256	70	327	259	37	79	570
897	867	253	73	406	208	30	31	770
284	263	72	34	103	88	21	6	3
621	597	218	71	255	124	24	24	305
405	376	148	38	144	84	29	31	373
362	335	124	37	165	46	27	6	130

系统及单位 System and unit	在职职工 总　计 Regular staff total	其中: 女性 Of which: Female
空间科学与应用研究中心 Center for Space Science and Applied Research	650	221
空间应用工程与技术中心 Technology and Engineering Center for Space Utilization	180	70
自然科学史研究所 Inst. of History of Natural Sciences	116	49
科技政策与管理科学研究所 Inst. of Science Policy and Management	138	54
中国科学院大学 University of CAS	711	308
信息工程研究所 Inst. of Information Engineering	254	88
计算机网络信息中心 Computer Network Information Center	668	246
国家科学图书馆（筹） National Science Library	335	214
中国科学报社 China Science Daily	183	94
行政管理局 Bureau of Administration and Logistics	1429	779
中国科学院本部 CAS Headquarters	529	170
天津市 Tianjin		
天津工业生物技术研究所 Tianjin Inst. of Industrial Biotechnology	199	110
山西省 Shanxi Province		
山西煤炭化学研究所 Shanxi Inst. of Coal Chemistry	588	183
辽宁省、山东省 Liaoning and Shandong Provinces		
大连化学物理研究所 Dalian Inst. of Chemical Physics	1202	420
沈阳应用生态研究所 Shenyang Inst. of Applied Ecology	430	174

干部 Cadres							工人 Workers	离、退休人员总数 Total retired personnel
合计 Total	专业技术人员 Professional and technical staff					行政管理人员 Adminis-trative staff		
	小计 Subtotal	高级 Senior	其中：正高级 Of which: Full professorship	中级 Middle level	初级及未定 Junior and others			
631	591	299	55	222	70	40	19	472
174	165	77	23	61	27	9	6	10
113	97	49	22	38	10	16	3	70
138	116	75	27	39	2	22		45
646	463	327	140	124	12	183	65	532
254	242	89	34	96	57	12		
666	647	142	16	248	257	19	2	45
321	295	101	32	140	54	26	14	277
180	145	27	2	52	66	35	3	8
748	616	25	2	108	483	132	681	838
519	84	56	26	28		435	10	697
199	163	33	22	49	81	36		
496	446	190	60	174	82	50	92	487
1118	1073	499	144	377	197	45	84	903
397	362	166	60	144	52	35	33	361

系统及单位 System and unit	在职职工 总　计 Regular staff total	其中: 女性 Of which: Female
沈阳自动化研究所 Shenyang Inst. of Automation	904	118
金属研究所 Inst. of Metal Research	1351	364
海洋研究所 Inst. of Oceanology	654	177
烟台海岸带研究所 Yantai Inst. of Coastal Zone Research	178	72
青岛生物能源与过程研究所 Qingdao Inst. of Bioenergy and Bioprocess Technology	357	92
青岛疗养院 Qingdao Sanatorium	9	4
沈阳分院 Shenyang Branch	44	14
吉林省 Jilin Province		
长春应用化学研究所 Changchun Inst. of Applied Chemistry	899	248
东北地理与农业生态研究所 Northeast Inst. of Geography and Agroecology	406	123
长春光学精密仪器与物理研究所 Changchun Inst. of Optics, Fine Mechanics and Physics	2333	511
长春分院 Changchun Branch	49	19
上海市、福建省、浙江省 Shanghai, Fujian Province and Zhejiang Province		
上海应用物理研究所 Shanghai Inst. of Applied Physics	1090	325
上海天文台 Shanghai Observatory	255	84
上海硅酸盐研究所 Shanghai Inst. of Ceramics	711	190
上海有机化学研究所 Shanghai Inst. of Organic Chemistry	632	221
上海药物研究所 Shanghai Inst. of Materia Medica	733	375

续表 3-2

干部 Cadres							工人 Workers	离、退休人员总数 Total retired personnel
合计 Total	专业技术人员 Professional and technical staff					行政管理人员 Adminis-trative staff		
	小计 Subtotal	高级 Senior	其中：正高级 Of which: Full professorship	中级 Middle level	初级及未定 Junior and others			
751	682	306	82	249	127	69	153	501
1066	997	412	131	322	263	69	285	829
582	529	217	94	213	99	53	72	674
175	160	52	23	85	23	15	3	
342	320	85	29	169	66	22	15	
2	1			1		1	7	3
38	15	10	4	4	1	23	6	86
782	724	288	120	354	82	58	117	794
376	324	156	72	106	62	52	30	237
2017	1977	714	209	790	473	40	316	2802
45	24	13	3	11		21	4	50
969	944	257	95	363	324	25	121	812
237	219	107	50	73	39	18	18	273
587	539	284	96	188	67	48	124	670
578	547	273	90	225	49	31	54	814
693	645	199	96	234	212	48	40	371

系统及单位 System and unit	在职职工 总　计 Regular staff total	其中: 女性 Of which: Female
上海生命科学研究院 Shanghai Institutes for Biological Sciences	2065	1024
上海微系统与信息技术研究所 Shanghai Inst. of Microsystem and Information Technology	891	248
上海光学精密机械研究所 Shanghai Inst. of Optics and Fine Mechanics	854	238
上海技术物理研究所 Shanghai Inst. of Technical Physics	829	253
福建物质结构研究所 Fujian Inst. of Research on the Structure of Matter	594	178
城市环境研究所 Inst. of Urban Environment	163	49
宁波材料技术与工程研究所 Ningbo Inst. of Material Technology and Engineering	531	175
上海分院 Shanghai Branch	193	47
江苏省 Jiangsu Province		
紫金山天文台 Purple Mountain Observatory	310	80
南京地理与湖泊研究所 Nanjing Inst. of Geography and Limnology	220	59
南京地质古生物研究所 Nanjing Inst. of Geology and Palaeontology	185	58
南京土壤研究所 Nanjing Inst. of Soil Science	295	77
苏州纳米技术与纳米仿生研究所 Suzhou Inst. of Nano-Tech and Nano-Bionics	456	145
苏州生物医学工程技术研究所 Suzhou Inst. of Biomedical Engineering and Technology	273	55
南京分院 Nanjing Branch	28	9
安徽省 Anhui Province		
合肥物质科学研究院 Hefei Institutes of Physical Sciences	2112	600

续表 3-2

干部 Cadres							工人 Workers	离、退休人员总数 Total retired personnel
合计 Total	专业技术人员 Professional and technical staff					行政管理人员 Administrative staff		
	小计 Subtotal	高级 Senior	其中：正高级 Of which: Full professorship	中级 Middle level	初级及未定 Junior and others			
1915	1775	599	297	746	430	140	150	1450
775	733	220	95	239	274	42	116	774
710	653	264	89	227	162	57	144	862
769	719	305	127	238	176	50	60	658
574	546	141	71	211	194	28	20	341
163	137	56	29	49	32	26		
522	459	151	58	81	227	63	9	
148	61	16	1	39	6	87	45	226
280	255	98	51	83	74	25	30	281
207	191	104	36	84	3	16	13	169
174	164	96	39	55	13	10	11	228
274	258	131	52	118	9	16	21	324
456	424	145	60	105	174	32		
271	240	42	23	74	124	31	2	
26	8	4	3		4	18	2	50
1827	1689	681	233	669	339	138	285	1442

系统及单位 System and unit	在职职工 总　计 Regular staff total	其中: 女性 Of which: Female
中国科学技术大学 University of Science and Technology of China	2950	863
江西省 Jiangxi Province		
庐山疗养院 Lushan Sanatorium	29	9
湖北省 Hubei Province		
武汉物理与数学研究所 Wuhan Inst. of Physics and Mathematics	447	124
武汉岩土力学研究所 Wuhan Inst. of Rock and Soil Mechanics	495	105
测量与地球物理研究所 Inst. of Geodesy and Geophysics	144	38
武汉植物园 Wuhan Botanical Garden	282	105
水生生物研究所 Inst. of Hydrobiology	353	122
武汉病毒研究所 Wuhan Inst. of Virology	266	131
国家科学图书馆武汉分馆（筹） The Wuhan Branch of the National Science Library	116	37
武汉分院 Wuhan Branch	88	24
广东省、湖南省 Guangdong and Hunan Provinces		
广州地球化学研究所 Guangzhou Inst. of Geochemistry	337	115
南海海洋研究所 South China Sea Inst. of Oceanology	516	150
华南植物园 South China Botanical Garden	434	177
广州生物医药与健康研究院 Guangzhou Institutes of Biomedicine and Health	401	173
广州能源研究所 Guangzhou Inst. of Energy Conversion	385	145

干部 Cadres							工人 Workers	离、退休人员总数 Total retired personnel
合计 Total	专业技术人员 Professional and technical staff					行政管理人员 Administrative staff		
	小计 Subtotal	高级 Senior	其中：正高级 Of which: Full professorship	中级 Middle level	初级及未定 Junior and others			
2569	2308	1199	531	889	220	261	381	1941
10						10	19	25
418	373	151	55	163	59	45	29	321
419	396	132	41	81	183	23	76	342
132	106	62	30	29	15	26	12	75
247	226	90	31	86	50	21	35	120
323	291	130	60	98	63	32	30	237
255	227	79	36	83	65	28	11	153
116	109	28	8	47	34	7		60
70	9	4		5		61	18	165
324	275	165	61	79	31	49	13	318
486	445	202	84	177	66	41	30	408
360	315	123	52	109	83	45	74	322
380	350	61	38	119	170	30	21	
351	331	117	29	126	88	20	34	153

系统及单位 System and unit	在职职工 总　计 Regular staff total	其中: 女性 Of which: Female
亚热带农业生态研究所 Inst. of Subtropical Agriculture	251	79
深圳先进技术研究院 Shenzhen Institutes of Advanced Technology	970	351
广州分院 Guangzhou Branch	40	13
四川省、重庆市 Sichuan Province and Chongqing		
成都山地灾害与环境研究所 Chengdu Inst. of Mountain Hazards and Environment	292	92
成都生物研究所 Chengdu Inst. of Biology	326	121
光电技术研究所 Inst. of Optics and Electronics	1240	320
国家科学图书馆成都分馆（筹） The Chengdu Branch of the National Science Library	88	44
重庆绿色智能技术研究院 Chongqing Inst. of Green and Intelligent Technology	226	65
成都分院 Chengdu Branch	95	31
云南省、贵州省 Yunnan and Guizhou Provinces		
地球化学研究所 Inst. of Geochemistry	372	111
昆明植物研究所 Kunming Inst. of Botany	487	195
西双版纳热带植物园 Xishuangbanna Tropical Botanical Garden	358	128
昆明动物研究所 Kunming Inst. of Zoology	411	193
昆明分院 Kunming Branch	47	16
陕西省 Shaanxi Province		

续表 3-2

干部 Cadres							工人 Workers	离、退休人员总数 Total retired personnel
合计 Total	专业技术人员 Professional and technical staff					行政管理人员 Administrative staff		
	小计 Subtotal	高级 Senior	其中：正高级 Of which: Full professorship	中级 Middle level	初级及未定 Junior and others			
240	232	77	33	79	76	8	11	83
970	822	171	63	298	353	148		
36	15	8	6	3	4	21	4	41
282	243	99	44	96	48	39	10	226
309	263	141	50	100	22	46	17	287
890	845	327	64	322	196	45	350	1261
86	74	28	6	23	23	12	2	50
218	195	45	23	56	94	23	8	
78	29	10	5	15	4	49	17	209
349	288	164	62	97	27	61	23	258
468	427	162	60	128	137	41	19	255
314	263	85	30	113	65	51	44	241
354	330	85	31	120	125	24	57	151
40	4	4	3			36	7	63

系统及单位 System and unit	在职职工 总　计 Regular staff total	其中: 女性 Of which: Female
地球环境研究所 Inst. of Earth Environment	124	35
西安光学精密机械研究所 Xi'an Inst. of Optics and Precision Mechanics	839	206
国家授时中心 National Time Service Center	446	128
西安分院 Xi'an Branch	48	14
甘肃省、青海省 Gansu and Qinghai Provinces		
近代物理研究所 Inst. of Modern Physics	852	214
兰州化学物理研究所 Lanzhou Inst. of Chemical Physics	715	222
寒区旱区环境与工程研究所 Cold and Arid Regions Environmental and Engineering Research Inst.	647	169
青海盐湖研究所 Qinghai Inst. of Saline Lakes	230	71
西北高原生物研究所 Northwest Inst. of Plateau Biology	205	62
国家科学图书馆兰州分馆（筹） The Lanzhou Branch of the National Science Library	117	61
兰州分院 Lanzhou Branch	195	87
新疆维吾尔自治区 Xinjiang Uygur Autonomous Region		
新疆理化技术研究所 Xinjiang Technical Inst. of Physics and Chemistry	355	151
新疆生态与地理研究所 Xinjiang Inst. of Ecology and Geography	436	169
新疆分院 Xinjiang Branch	132	57

续表 3-2

干部 Cadres							工人 Workers	离、退休人员总数 Total retired personnel
合计 Total	专业技术人员 Professional and technical staff					行政管理人员 Administrative staff		
	小计 Subtotal	高级 Senior	其中：正高级 Of which: Full professorship	中级 Middle level	初级及未定 Junior and others			
124	118	51	37	27	40	6		12
692	646	248	76	248	150	46	147	673
299	242	72	25	93	77	57	147	427
47	13	10	4	3		34	1	38
808	740	222	70	240	278	68	44	582
658	613	251	100	160	202	45	57	399
596	536	245	101	207	84	60	51	470
206	181	74	27	54	53	25	24	260
191	173	80	33	71	22	18	14	145
105	93	33	11	39	21	12	12	71
148	90	31		49	10	58	47	215
306	286	132	38	125	29	20	49	173
410	370	140	59	152	78	40	26	196
94	52	13	4	31	8	42	38	199

3-3 事业单位在职职工年龄情况（2012 年）

Age Distribution of CAS Regular Staff: 2012

单位：人 (person)

	合 计 Total	30 岁及以下 Under 30	31~35 岁 31~35	36~40 岁 36~40	41~45 岁 41~45	46~50 岁 46~50	51~55 岁 51~55	56~60 岁 56~60	60 岁以上 60 and above
在职职工总数 Total regular staff	**64672**	**17800**	**13793**	**7952**	**6697**	**9340**	**4517**	**4051**	**522**
科研机构 Research units	56549	16327	12399	6896	5604	7848	3681	3324	470
学校及公共支撑机构 Universities and public supporting organizations	6635	1348	1190	888	878	1149	625	519	38
管理机构 Management organizations	1488	125	204	168	215	343	211	208	14
专业技术人员 Various kinds of professional staff	**52550**	**16197**	**12637**	**6984**	**4997**	**6708**	**2626**	**1898**	**503**
科研机构 Research units	47395	15138	11570	6198	4330	5805	2256	1637	461
学校及公共支撑机构 Universities and public supporting organizations	4751	1030	1006	728	613	787	316	234	37
管理机构 Management organizations	404	29	61	58	54	116	54	27	5
高级职称 Senior professionals	**21060**	**493**	**4255**	**4532**	**3474**	**4835**	**1707**	**1287**	**477**
科研机构 Research units	18971	481	3954	4137	3138	4278	1462	1086	435
学校及公共支撑机构 Universities and public supporting organizations	1910	12	289	372	314	491	209	186	37
管理机构 Management organizations	179		12	23	22	66	36	15	5

续表 3-3

	合 计 Total	30 岁及以下 Under 30	31~35 岁 31~35	36~40 岁 36~40	41~45 岁 41~45	46~50 岁 46~50	51~55 岁 51~55	56~60 岁 56~60	60 岁以上 60 and above
正高级 Full professorship	**7844**	**20**	**395**	**1207**	**1666**	**2698**	**850**	**555**	**453**
科研机构 Research units	7037	15	332	1107	1542	2426	737	467	411
学校及公共支撑机构 Universities and public supporting organizations	748	5	63	99	121	239	101	83	37
管理机构 Management organizations	59			1	3	33	12	5	5
中级职称 Middle level professionals	**19905**	**6726**	**7102**	**2078**	**1217**	**1534**	**724**	**511**	**13**
科研机构 Research units	18046	6482	6554	1746	928	1243	620	460	13
学校及公共支撑机构 Universities and public supporting organizations	1671	226	508	301	263	245	88	40	
管理机构 Management organizations	188	18	40	31	26	46	16	11	

3-4 事业单位在职职工学位和学历情况（2012 年）

CAS Regular Staff, by Academic Degree and Qualification: 2012

单位：人 (person)

	学位 Academic degrees			学历 Academic qualification				
	博士 Ph.D.	硕士 MS	学士 Bachelor	研究生 Post graduates	大学 University graduates	大专 Specialized higher school graduates	中专 Specialized secondary school graduates	其他 Others
总计 Total	**22266**	**15710**	**9224**	**37781**	**13305**	**5766**	**1613**	**6207**
科研机构 Research units	20557	14115	7802	34424	10974	4678	1342	5132
数学、物理 Mathematics & physics	4113	2545	1579	6632	2308	1127	394	1179
化学与化工 Chemistry & chemical engineering	3147	1620	1218	4732	1592	558	141	714
地学 Earth sciences	3678	1102	817	4810	1172	673	113	598
生物学 Biological sciences	4377	2848	1586	7213	2109	868	236	892
技术科学 Technological sciences	5108	5941	2576	10840	3753	1439	457	1746
其他 Others	134	59	26	197	40	13	1	3
学校及公共支撑机构 Universities and public supporting organizations	1505	1328	1138	2883	1772	876	215	888
管理机构 Management organizations	204	267	284	474	559	212	56	187

主要统计指标解释

1. 事业单位在职职工

指由本机构直接组织安排工作并支付工资的年末在册各类人员。不包括离、退休人员。

2. 专业技术人员

指聘任了专业技术职务或专业技术职务见习期内的人员。

高级：指研究员、副研究员；教授、副教授；高级工程师；高级农艺师；正、副主任医（药、护、技）师；高级实验师；高级统计师；高级经济师；高级会计师；正、副编审；正、副译审；高级（主任）记者；正、副研究馆员等。

中级：指助理研究员；讲师；工程师；农艺师；主治医（药、护、技）师；实验师；统计师；经济师；会计师；编辑；翻译；记者；馆员等。

初级：指研究实习员；助教；助理工程师、技术员；助理农艺师、农业技术员；医（药、护、技）师、医（药、护、技）士；助理实验师、实验员；助理统计师、统计员；助理经济师；助理会计师、会计员；助理编辑、见习编辑；助理翻译；助理记者；助理馆员、管理员等。

3. 离、退休人员总数

指历年由本机构离、退休，并在本机构领取离、退休费的人员。

4. 学位和学历

指由人事部门或干部部门根据国家有关规定，填报的本机构职工总数中人员的学位和学历情况（均指获得的最高学位和最高学历）。

Explanatory Notes on Key Indicators

1. Regular staff

Regular staff refers to persons who are on the year-end payroll, working directly under the management of an institution or unit and receiving remuneration for their work. The retired are not included.

2. Professional and technical staff

This refers to those who have acquired professional or technical titles or who are in the probation period of those titles.

Senior: research fellow and associate research fellow, professor and associate professor, senior engineer, senior agronomist, chief (and associate chief) physician (pharmacist, nurse and technician), senior laboratorian, senior statistician, senior economist, senior accountant, senior editor and associate senior editor, translation editor and associate translation editor, senior journalist, senior librarian and associate librarian, and so on.

Middle level: research associate, lecturer, engineer, agronomist, physician (pharmacist, nurse and technician) in charge, laboratorian, statistician, economist, accountant, editor, translator, journalist, librarian, and so on.

Junior: research assistant, teaching assistant, assistant engineer, technician, assistant agronomist, agrotechnician, physician (pharmacist, nurse and technician), assistant laboratorian, laboratory technician, assistant physician (pharmacist, nurse and technician), assistant statistician, statistical clerk, assistant economist, assistant accountant, accounting clerk, assistant editor, intership,assistant translator, assistant journalist, library assistant, library clerk, and so on.

3. Total retired personnel

Total retired personnel refers to the total number of staff who retired from CAS and draw their pension from CAS.

4. Academic degrees and qualifications

This heading reflects the basic status of academic degrees and qualifications of the staff in a particular institution or unit, compiled by the personnel department according to relevant state regulations, and only the highest academic degrees and qualifications are recorded.

四、经　费

FUNDS

4-1 事业单位总收入、支出情况

Total Income and Expenditure of CAS Institutions

单位：万元 (ten thousand yuan)

年 份 Year	总收入 Total income	比上年增长(%) Percentage of increase to that of last year	总支出 Total expenditure	比上年增长(%) Percentage of increase to that of last year
1986	89572	—	87591	13
1987	101817	13.7	93382	6.6
1988	126570	24.3	104103	11.5
1989	131026	3.5	115530	11
1990	149252	13.9	132041	14.3
1991	151004	1.2	145579	10.3
1992	188906	25.1	191372	31.5
1993	240277	27.2	237560	24.1
1994	290668	21	277266	16.7
1995	322500	11	313395	13
1996	324959	0.8	330587	5.5
1997	408797	25.8	364661	10.3
1998	493598	20.7	367110	0.7
1999	545206	10.5	426170	16.1
2000	713798	30.9	572464	34.3
2001	806083	12.9	696939	21.7
2002	1007421	25	877392	25.9
2003	977810	-2.9	990997	13
2004	1221649	24.9	1115258	12.5
2005	1275183	4.4	1241790	11.3
2006	1455250	14.1	1310501	5.5
2007	1703971	17.1	1574835	20.2
2008	2115483	24.2	1837346	16.7
2009	2286105	8.1	2369638	29
2010	2661649	16.4	2675838	12.9
2011	3317606	24.6	3240279	21.1
2012	3912347	17.9	3694414	14

注: 1. 表 4 以中国科学院财务决算口径统计。

Note: Table 4 is based on the specifications for CAS final financial accounts.

2. 1997 年起开始执行国家颁布的"科学事业单位财务制度"。

Since 1997, the "Financial System for Scientific Institutions" issued by the State has been implemented.

3. "总收入"不包括基本建设投资、教育事业费收入。

"The total income" does not include the investment of capital construction and education income.

4. 自 2001 年起，事业单位总收入和总支出中包括转制单位的财政补助收入及支出。

Since 2001, the total income and expenditure of CAS scientific institutions has included the financial subsidiary income and expenditure of these transfered institutions.

4-2 事业单位总

Total Income

单位：万元

系统及单位 System and unit	合 计 Total	财政补助收 入 Financial subsidiary income	拨入专款 Special funds allocated
总 计 Total	**3912347**	**2116956**	**46763**
一、按系统分 By system			
（一）科研机构 Research units	3482175	1866218	39528
数学、物理 Mathematics & physics	759406	484006	6043
化学与化工 Chemistry & chemical engineering	469391	259653	3054
地学 Earth sciences	450157	270233	9163
生物学 Biological sciences	622632	366558	10003
技术科学 Technological sciences	1166282	474640	10976
其他 Others	14307	11127	288
（二）学校及公共支撑机构 Universities and public supporting organizations	321531	165681	2796
技术支撑 Technical supporting organizations	46976	12871	10
学校 Universities	206818	108619	1369
文献情报、新闻出版 Documentation information & publication	39795	28603	298
服务与福利 Service & welfare	27943	15589	1119
（三）管理机构 Management organizations	89551	66485	4249
中国科学院本部 CAS Headquarters	54216	40285	1914
地区管理部门 CAS Branches	35335	26200	2335
（四）其他 Others	19090	18572	190

收入情况（2012 年）
of CAS Institutions: 2012

(ten thousand yuan)

事业收入 Operating income	科研收入 Scientific research income	技术收入 Technical income	试制产品收入 Income from trial-production of products	预算外资金收入 Income from non-budgetary funds	经营收入 Business income	其他收入 Other income
1577727	**1313226**	**157066**	**78995**	**10484**	**51513**	**119389**
1446150	1203563	148867	78995	657	46786	83494
237074	218828	15841	474	403	18782	13501
185416	127910	52938	3775		4925	16343
160829	151339	8336		10	3326	6607
218030	185953	22606	47		1648	26393
642018	516781	49132	74700	244	18010	20638
2784	2754	14			95	13
128326	107903	7915		8800	1579	23148
32660	30643	1039				1435
85531	70850	5880		8800	869	10430
10136	6410	996			436	322
					273	10961
3071	1759	284		1027	3148	12599
1434	1434				1067	9516
1637	325	284		1027	2081	3082
180						148

系统及单位 System and unit	合 计 Total	财政补助收 入 Financial subsidiary income	拨入专款 Special funds allocated
二、按科研单位分 By institute	3482175	1866218	39528
北京市 Beijing	1408956	758449	16149
数学与系统科学研究院 Academy of Mathematics and Systems Science	20915	15616	832
物理研究所 Inst. of Physics	51832	23252	914
声学研究所 Inst. of Acoustics	61727	25964	82
理论物理研究所 Inst. of Theoretical Physics	6358	5108	37
理化技术研究所 Technical Inst. of Physics and Chemistry	49664	27103	120
高能物理研究所 Inst. of High Energy Physics	99832	70575	1695
国家天文台 National Astronomical Observatories of China	82714	46877	467
力学研究所 Inst. of Mechanics	26684	16179	552
化学研究所 Inst. of Chemistry	46247	23917	221
生态环境研究中心 Research Center for Eco-Environmental Sciences	42361	19352	587
国家纳米科学中心 National Center for Nanoscience and Technology	19836	15123	26
过程工程研究所 Inst. of Process Engineering	37883	22710	245
地理科学与资源研究所 Inst. of Geographic Sciences and Natural Resources Research	52942	30905	1267
青藏高原研究所 Inst. of Tibetan Plateau Research	9743	7183	78
遥感与数字地球研究所 Inst. of Remote Sensing and Digital Earth	25009	13086	356
地质与地球物理研究所 Inst. of Geology and Geophysics	43681	25801	1207
古脊椎动物与古人类研究所 Inst. of Vertebrate Paleontology and Paleoanthropology	8569	5456	199

续表 4-2

事业收入 Operating income	科研收入 Scientific research income	技术收入 Technical income	试制产品收入 Income from trial-production of products	预算外资金收入 Income from non-budgetary funds	经营收入 Business income	其他收入 Other income
1446150	1203563	148867	78995	657	46786	83494
592787	532640	41121	14699		20655	20917
4456	4312					11
27281	25742	662			212	172
28383	28380	2			3853	3445
1213	1213					
21121	16106	5015			778	543
22388	20069	2216			4594	581
34814	34814				230	326
9309	7057	1777	474		12	632
22110	21098	245	767			
22416	16446	5970				5
4687	4610	77				
14674	12959	1192	369			254
19843	19843				120	807
2477	2477					5
10500	10425				797	270
15425	15027	398			69	1178
2754	2210				119	40

系统及单位 System and unit	合 计 Total	财政补助收 入 Financial subsidiary income	拨入专款 Special funds allocated
大气物理研究所 Inst. of Atmospheric Physics	38714	21554	551
植物研究所 Inst. of Botany	37818	24243	1096
动物研究所 Inst. of Zoology	35683	23690	577
心理研究所 Inst. of Psychology	12752	6153	311
微生物研究所 Inst. of Microbiology	25842	17157	287
生物物理研究所 Inst. of Biophysics	47388	25591	1275
遗传与发育生物学研究所 Inst. of Genetics and Developmental Biology	52995	26793	599
北京基因组研究所 Beijing Inst. of Genomics	11302	4881	
计算技术研究所 Inst. of Computing Technology	46676	23265	180
软件研究所 Inst. of Software	32435	11227	50
半导体研究所 Inst. of Semiconductors	38952	18633	261
微电子研究所 Inst. of Microelectronics	60507	15599	1215
电子学研究所 Inst. of Electronics	67195	21780	75
光电研究院 Academy of Opto-Electronics	17992	6145	8
自动化研究所 Inst. of Automation	30985	14210	105
电工研究所 Inst. of Electric Engineering	31154	16433	41
工程热物理研究所 Inst. of Engineering Thermophysics	17427	9779	21
空间科学与应用研究中心 Center for Space Science and Applied Research	53723	27655	155

续表 4-2

事业收入 Operating income					经营收入 Business income	其他收入 Other income
	科研收入 Scientific research income	技术收入 Technical income	试制产品收入 Income from trial-production of products	预算外资金收入 Income from non-budgetary funds		
16148	15570	498			449	12
12144	11755				77	258
10331	10045				233	851
6266	2145	3534				22
8143	7135	733			15	241
19702	16743	2848			163	657
25475	25429		47		60	68
4395	2910	1440				2026
21612	17115	4162				1618
19060	18871	4			127	1971
17095	14725	2370			3339	375
40679	37491	3189			2459	555
44651	30037	1452	13043		77	612
11292	11292				142	405
15531	15531				845	295
13471	13471				328	881
6748	6748				235	644
24135	24135				1207	571

系统及单位 System and unit	合 计 Total	财政补助收 入 Financial subsidiary income	拨入专款 Special funds allocated
自然科学史研究所 Inst. of History of Natural Sciences	3792	3342	134
科技政策与管理科学研究所 Inst. of Policy and Management	10515	7786	154
对地观测与数字地球科学中心 Center for Earth Observation and Digital Earth	31224	24523	168
信息工程研究所 Inst. of Information Engineering	17885	13804	
山西省 Shanxi Province	35753	18800	35
山西煤炭化学研究所 Shanxi Inst. of Coal Chemistry	35753	18800	35
辽宁省、山东省 Liaoning and Shandong Provinces	294100	133676	3029
大连化学物理研究所 Dalian Inst. of Chemical Physics	84330	37685	538
沈阳应用生态研究所 Shenyang Inst. of Applied Ecology	19507	11801	116
沈阳自动化研究所 Shenyang Inst. of Automation	62169	18036	76
金属研究所 Inst. of Metal Research	72898	33440	177
海洋研究所 Inst. of Oceanology	55196	32715	2122
吉林省 Jilin Province	198271	74156	580
长春应用化学研究所 Changchun Inst. of Applied Chemistry	42492	23929	217
东北地理与农业生态研究所 Northeast Inst. of Geography and Agroecology	12291	8814	42
长春光学精密机械与物理研究所 Changchun Inst. of Optics, Fine Mechanics and Physics	143487	41412	321
上海市、福建省、浙江省 Shanghai, Fujian Province, and Zhejiang Province	643073	373421	9408
上海应用物理研究所 Shanghai Inst. of Applied Physics	81157	74187	217

续表 4-2

事业收入 Operating income	科研收入 Scientific research income	技术收入 Technical income	试制产品收入 Income from trial-production of products	预算外资金收入 Income from non-budgetary funds	经营收入 Business income	其他收入 Other income
230	200	14			78	9
2554	2554				17	5
5237	2951	2286			17	1278
4037	3000	1037				45
7895	6905	954			3216	5807
7895	6905	954			3216	5807
147843	62323	34063	50696		102	9450
39743	15290	22558	1709		82	6282
7437	6832	280				154
42909	5725	2811	34301			1148
39085	16138	8084	14687			196
18669	18338	329			20	1669
120447	115396	4256	245	254	433	2655
18313	14048	3890	245			33
3359	2962	366		10		75
98775	98386			244	433	2548
237546	187931	36471	11890		11941	10756
3937	2058	1846			2800	15

系统及单位 System and unit	合 计 Total	财政补助收 入 Financial subsidiary income	拨入专款 Special funds allocated
上海天文台 Shanghai Observatory	18106	11097	26
上海硅酸盐研究所 Shanghai Inst. of Ceramics	51978	24952	324
上海有机化学研究所 Shanghai Inst. of Organic Chemistry	48264	32393	170
上海生命科学研究院 Shanghai Institutes for Biological Sciences	111331	76743	1180
上海微系统与信息技术研究所 Shanghai Inst. of Microsystem and Information Technology	76788	45482	529
上海光学精密机械研究所 Shanghai Inst. of Optics and Fine Mechanics	59291	25099	98
上海技术物理研究所 Shanghai Inst. of Technical Physics	86006	25301	71
上海药物研究所 Shanghai Inst. of Materia Medica	53242	24543	624
福建物质结构研究所 Fujian Inst. of Research on the Structure of Matter	30183	21535	602
宁波材料技术与工程研究所 Ningbo Inst. of Material Technology and Engineering	26728	12090	5566
江苏省 Jiangsu Province	90905	64627	379
紫金山天文台 Purple Mountain Observatory	32984	28912	96
南京地理与湖泊研究所 Nanjing Inst. of Geography and Limnology	17218	9068	108
南京地质古生物研究所 Nanjing Inst. of Geology and Palaeontology	13956	9857	80
南京土壤研究所 Nanjing Inst. of Soil Science	26748	16790	95
安徽省 Anhui Province	109043	56645	658
合肥物质科学研究院 Hefei Institutes of Physical Sciences	109043	56645	658
湖北省 Hubei Province	94015	56496	365

续表 4-2

事业收入 Operating income					经营收入 Business income	其他收入 Other income
	科研收入 Scientific research income	技术收入 Technical income	试制产品收入 Income from trial-production of products	预算外资金收入 Income from non-budgetary funds		
5670	5661				990	324
25302	13972	11269			651	748
14636	7469	6323	686		392	673
30831	27380	2640				2577
24556	12282	2839	9435		5451	770
32965	32250	715			1126	3
57584	53903	1911	1769		362	2689
26692	18065	8479				1383
6308	5944	330			169	1569
9065	8946	120				6
22722	21797	459			402	2776
2939	2685				18	1019
7024	7007				90	927
3559	2995	459			202	260
9200	9110				92	571
42522	37794	4300		403	5278	3940
42522	37794	4300		403	5278	3940
35100	33702	143				2054

系统及单位 System and unit	合 计 Total	财政补助收 入 Financial subsidiary income	拨入专款 Special funds allocated
武汉物理与数学研究所 Wuhan Inst. of Physics and Mathematics	18884	12435	161
武汉岩土力学研究所 Wuhan Inst. of Rock and Soil Mechanics	20516	10721	100
测量与地球物理研究所 Inst. of Geodesy and Geophysics	8351	5696	6
武汉植物园 Wuhan Botanical Garden	10626	5826	12
水生生物研究所 Inst. of Hydrobiology	22952	12943	69
武汉病毒研究所 Wuhan Inst. of Virology	12686	8876	17
广东省、湖南省 Guangdong and Hunan Provinces	155585	80239	7225
广州地球化学研究所 Guangzhou Inst. of Geochemistry	23864	15922	1113
南海海洋研究所 South China Sea Inst. of Oceanology	38616	15655	1426
华南植物园 South China Botanical Garden	16699	10123	1251
广州能源研究所 Guangzhou Inst. of Energy Conversion	49976	24049	1731
广州生物医药与健康研究院 Guangzhou Institutes of Biomedicine and Health	17897	9708	1696
亚热带农业生态研究所 Inst. of Subtropical Agriculture	8533	4782	8
四川省 Sichuan Province	125483	50041	220
成都山地灾害与环境研究所 Chengdu Inst. of Mountain Hazards and Environment	21899	16080	45
成都生物研究所 Chengdu Inst. of Biology	13712	8001	128
光电技术研究所 Inst. of Optics and Electronics	89872	25960	47
云南省、贵州省 Yunnan and Guizhou Provinces	94037	57196	849

续表 4-2

事业收入 Operating income					经营收入 Business income	其他收入 Other income
	科研收入 Scientific research income	技术收入 Technical income	试制产品收入 Income from trial-production of products	预算外资金收入 Income from non-budgetary funds		
5924	5877					364
9012	9012					683
2336	2336					313
4688	3604					100
9603	9411	84				338
3536	3462	59				257
64739	57512	5583			1523	1861
6348	6329				482	
20996	15585	5382			259	280
4525	2969	102			562	238
22777	22643	47			219	1200
6444	6357	53				50
3650	3630					93
69579	67836	1743			90	5554
5154	5154					621
3542	3125	418				2040
60883	59557	1325			90	2893
21220	14868	2640			323	14450

系统及单位 System and unit	合 计 Total	财政补助收 入 Financial subsidiary income	拨入专款 Special funds allocated
昆明植物研究所 Kunming Inst. of Botany	21567	14915	129
昆明动物研究所 Kunming Inst. of Zoology	33694	14303	175
西双版纳热带植物园 Xishuangbanna Tropical Botanical Garden	20673	13471	326
地球化学研究所 Inst. of Geochemistry	18102	14506	220
陕西省 Shaanxi Province	77501	36844	92
西安光学精密机械研究所 Xi'an Inst. of Optics and Precision Mechanics	52911	20720	81
地球环境研究所 Inst. of Earth Environment	8887	5391	1
国家授时中心 National Time Service Center	15704	10733	9
甘肃省、青海省 Gansu and Qinghai Provinces	123310	85715	381
近代物理研究所 Inst. of Modern Physics	51879	41100	63
兰州化学物理研究所 Lanzhou Inst. of Chemical Physics	21407	13166	66
寒区旱区环境与工程研究所 Cold and Arid Regions Environmental and Engineering Research Inst.	32385	20133	195
青海盐湖研究所 Qinghai Inst. of Saline Lakes	8657	6090	24
西北高原生物研究所 Northwest Inst. of Plateau Biology	8982	5226	33
新疆维吾尔自治区 Xinjiang Uygur Autonomous Region	32142	19914	158
新疆理化技术研究所 Xinjiang Technical Inst. of Physics and Chemistry	11407	7502	14
新疆生态与地理研究所 Xinjiang Inst. of Ecology and Geography	20735	12411	145

注: 1. 除“财政补助收入”外，其他各项收入均不含本单位转拨外单位经费。

Note: Except "the financial subsidiary income", all other incomes do not include funds allocated by the institution to

2. 由于青岛生物能源与过程研究所、烟台海岸带研究所、城市环境研究所、苏州纳米技术与纳米仿生研究高等研究院、苏州生物医学工程技术研究所、重庆绿色智能技术研究院财务账户仍然下挂在其他单位，

The Qingdao Inst. of Bioenergy and Bioprocess Technology, Yantai Inst. of Coastal Zone Research, Inst. of Technology and Engineering Center for Space Utilization, Beijing Advanced Sciences and Innovation Centre, and Technology, Chongqing Inst. of Green and Intelligent Technology under the financial account is still

续表 4-2

事业收入 Operating income					经营收入 Business income	其他收入 Other income
	科研收入 Scientific research income	技术收入 Technical income	试制产品收入 Income from trial-production of products	预算外资金收入 Income from non-budgetary funds		
6191	5826	109				333
5165	4620	461				14051
6716	2047	1367			133	27
3147	2374	703			191	38
38080	19791	16780	1466		1551	934
29873	11584	16780	1466		1551	686
3406	3406					89
4802	4802					160
33828	33425	153			1272	2114
9631	9573	22			17	1068
7952	7919				183	41
11513	11331				528	16
1380	1250	130			232	931
3352	3352				312	58
11843	11643	200				226
3672	3672					218
8171	7970	200				8

other units.
所、深圳先进技术研究院、空间应用工程与技术中心、北京综合研究中心、天津工业生物技术研究所、上海
故未单独列出。
Urban Environment, Suzhou Inst. of Nano-Tech and Nano-Bionics, Shenzhen Institutes of Advanced Technology, Tianjin Inst. of Industrial Biotechnology, Shanghai Advanced Research Institute, Suzhou Inst. of Biomedical Engineering hanging in the other units, it is not listed separately.

4-3 事业单位
Total Expenditure

单位：万元

系统及单位 System and institute	合 计 Total	人员支出 Personnel expenditure	基本工资 Basic salary	补助工资 Subsidiary salary	其他工资 Other salaries
总　计 Total	**3694414**	**1154558**	**95927**	**260406**	**274883**
一、按系统分 By system					
（一）科研机构 Research units	3304159	1032171	86395	241503	253424
数学、物理 Mathematics & physics	706239	218512	18081	50326	55936
化学与化工 Chemistry & chemical engineering	438113	159348	11576	40284	35015
地学 Earth sciences	433361	142488	13024	31656	35530
生物学 Biological sciences	588930	203695	15561	59761	37255
技术科学 Technological sciences	1123260	303500	27573	58453	88314
其他 Others	14256	4627	579	1022	1373
（二）学校及公共支撑机构 Universities and public supporting organizations	283953	65251	6305	11778	14802
技术支撑 Technical supporting organizations	46318	10665	906	2148	4632
学校 Universities	172503	33176	1325	7189	4273
文献情报、新闻出版 Documentation, information & publication	38979	13651	1404	2415	4931
服务与福利 Service & welfare	26153	7760	2670	25	966
（三）管理机构 Management organizations	86769	42132	3202	7122	6607
中国科学院本部 CAS Headquarters	52837	23450	1465	3747	3601
地区管理部门 CAS Branches	33932	18681	1737	3374	3007

总支出情况（2012 年）
of CAS Institutions: 2012

(ten thousand yuan)

社会保障费 Social security expenditure	公用支出 Public expenditure	公共运行费 Expenditure for public operation	科研业务费 Expenditure for professional activity	固定资产购置费 Expenditure for purchasing equipment	专款支出 Designated expenditure	经营支出 Operating expenses	结转自筹基建 Balanced and transferred self-raised capital construction funds
402469	**2370341**	**316485**	**1443876**	**583529**	**42748**	**47451**	**79316**
351359	2136920	269107	1302310	547723	37004	43215	54850
74872	458427	60716	255050	139142	5926	17934	5441
55622	259378	43696	145059	68415	2696	3412	13279
47057	276000	30667	170309	72623	7550	3423	3900
67990	369210	44713	223410	95266	8768	1505	5751
104538	764670	87713	503288	171643	11752	16858	26479
1281	9236	1600	5195	634	312	82	
18844	190669	36012	118172	34610	2028	1544	24460
2414	35646	3811	27131	4619	7		
8353	115679	22490	67545	25061	1253	834	21560
4253	24491	3091	15263	4931	401	435	
3825	14853	6620	8233		367	274	2900
18050	38413	9946	22170	910	3526	2693	5
8038	27448	2686	19204	477	986	954	
10012	10965	7260	2967	433	2540	1740	5

系统及单位 System and institute	合 计 Total	人员支出 Personnel expenditure	基本工资 Basic salary	补助工资 Subsidiary salary	其他工资 Other salaries
（四）其 他 Others	19533	15004	25	4	49
二、按科研单位分 By institute					
北京市 Beijing	1337945	414198	31417	87418	120558
数学与系统科学研究院 Academy of Mathematics and Systems Science	20960	9580	756	2656	1525
物理研究所 Inst. of Physics	52008	14335	867	3825	3991
声学研究所 Inst. of Acoustics	55172	15264	1228	2384	4683
理论物理研究所 Inst. of Theoretical Physics	5387	1713	177	377	299
理化技术研究所 Technical Inst. of Physics and Chemistry	44779	13366	967	2628	4877
高能物理研究所 Inst. of High Energy Physics	91373	28920	2065	4672	10484
国家天文台 National Astronomical Observatories of China	77567	24423	2011	7112	7357
力学研究所 Inst. of Mechanics	29120	10463	908	1931	3128
化学研究所 Inst. of Chemistry	43002	15999	969	3433	3083
生态环境研究中心 Research Center for Eco-Environmental Sciences	37750	8033	936	3318	144
国家纳米科学中心 National Center for Nanoscience and Technology	14734	3960	257	964	1330
过程工程研究所 Inst. of Process Engineering	33783	14276	996	2184	5104
地理科学与资源研究所 Inst. of Geographic Sciences and Natural Resources Research	50529	16093	1114	3610	4665
青藏高原研究所 Inst. of Tibetan Plateau Research	9661	3074	203	886	1116
遥感与数字地球研究所 Inst. of Remote Sensing and Digital Earth	21581	6079	434	795	3494

续表 4-3

社会保障费 Social security expenditure	公用支出 Public expenditure	公共运行费 Expenditure for public operation	科研业务费 Expenditure for professional activity	固定资产购置费 Expenditure for purchasing equipment	专款支出 Designated expenditure	经营支出 Operating expenses	结转自筹基建 Balanced and transferred self-raised capital construction funds
14215	4339	1420	1223	286	190		
128475	860314	101936	535899	217716	15433	19926	28075
2840	9780	1077	8006	433	573		1027
4463	36590	7245	11440	16095	948	135	
5332	36404	5426	25621	5059	90	3414	
363	3638	977	1540	1114	37		
3714	30582	2187	18055	10057	82	748	
9049	55551	3463	28681	23402	1693	5210	
6478	52482	6520	37301	8632	432	230	
3586	18093	3370	10491	4232	552	12	
5392	25221	3234	16507	5479	221		1561
2837	28273	1050	21083	6045	564		881
519	10749	3881	4646	2174	26		
4387	17832	3209	7574	6841	175		1500
4553	33029	1578	24049	6975	1264	143	
335	6560	1002	3739	1639	27		
1168	14332	1116	11444	1724	379	791	

系统及单位 System and institute	合 计 Total	人员支出 Personnel expenditure	基本工资 Basic salary	补助工资 Subsidiary salary	其他工资 Other salaries
地质与地球物理研究所 Inst. of Geology and Geophysics	44197	14423	1661	2532	3457
古脊椎动物与古人类研究所 Inst. of Vertebrate Paleontology and Paleoanthropology	8313	3640	313	802	990
大气物理研究所 Inst. of Atmospheric Physics	37728	9909	663	1824	3602
植物研究所 Inst. of Botany	38770	16424	898	3270	5675
动物研究所 Inst. of Zoology	30072	10322	649	3503	1203
心理研究所 Inst. of Psychology	12253	4450	343	1548	1119
微生物研究所 Inst. of Microbiology	23294	10708	795	2377	2676
生物物理研究所 Inst. of Biophysics	43168	11441	820	4111	909
遗传与发育生物学研究所 Inst. of Genetics and Developmental Biology	52651	14986	1096	4475	3237
北京基因组研究所 Beijing Inst. of Genomics	12744	2776	646	313	750
计算技术研究所 Inst. of Computing Technology	49653	16978	1418	1937	4840
软件研究所 Inst. of Software	32104	9147	632	1039	3500
半导体研究所 Inst. of Semiconductors	37458	13401	1043	2687	2815
微电子研究所 Inst. of Microelectronics	54353	13692	1130	2254	3515
电子学研究所 Inst. of Electronics	74010	16890	1195	2641	5338
光电研究院 Academy of Opto-Electronics	18158	4760	392	1089	2023
自动化研究所 Inst. of Automation	30036	12321	716	1979	4562
电工研究所 Inst. of Electric Engineering	29469	8704	646	1873	2195
工程热物理研究所 Inst. of Engineering Thermophysics	19304	5448	414	1092	1692

社会保障费 Social security expenditure	公用支出 Public expenditure	公共运行费 Expenditure for public operation	科研业务费 Expenditure for professional activity	固定资产购置费 Expenditure for purchasing equipment	专款支出 Designated expenditure	经营支出 Operating expenses	结转自筹基建 Balanced and transferred self-raised capital construction funds
4543	28499	4429	14082	9959	1206	69	
1144	4350	341	3043	965	204	119	
2485	26757	3486	16632	6612	532	530	
4531	20787	1632	12689	6466	1087	77	394
3331	18939	1330	13939	3671	577	233	
1050	7497	821	5383	1293	306		
3664	12365	1822	7241	3014	218	3	
4017	30122	4618	15781	9473	1141	163	302
3637	37010	2230	27200	7464	599	55	
675	9937	2486	5070	2104	31		
7539	28327	4797	17111	6575	112		4236
2756	20390	2217	13628	4494	28	123	2416
5472	20637	1342	12576	6709	257	3163	
5515	37485	2188	19290	15943	1196	1975	5
6107	42772	3767	34316	6598	65	17	14267
961	13252	1010	9333	2909	2	144	
3243	16740	2599	9471	4670	131	844	
3381	20506	2127	15022	3288	41	218	
1455	13321	1094	5371	6771	24	205	306

系统及单位 System and institute	合 计 Total	人员支出 Personnel expenditure	基本工资 Basic salary	补助工资 Subsidiary salary	其他工资 Other salaries
空间科学与应用研究中心 Center for Space Science and Applied Research	51058	13611	803	2200	5097
自然科学史研究所 Inst. of History of Natural Sciences	3788	1891	289	340	534
科技政策与管理科学研究所 Inst. of Policy and Management	10468	2736	290	682	839
对地观测与数字地球科学中心 Center for Earth Observation and Digital Earth	23886	5987	376	1169	3013
信息工程研究所 Inst. of Information Engineering	13599	3971	304	904	1698
山西省 Shanxi Province	35283	10951	1106	2671	2555
山西煤炭化学研究所 Shanxi Inst. of Coal Chemistry	35283	10951	1106	2671	2555
辽宁省、山东省 Liaoning and Shandong Provinces	278618	86809	6159	22559	18890
大连化学物理研究所 Dalian Inst. of Chemical Physics	77039	29548	1600	5541	6957
沈阳应用生态研究所 Shenyang Inst. of Applied Ecology	19678	5624	485	1740	249
沈阳自动化研究所 Shenyang Inst. of Automation	60669	11565	826	3017	3223
金属研究所 Inst. of Metal Research	71544	20289	1452	6417	4912
海洋研究所 Inst. of Oceanology	49688	19784	1797	5844	3549
吉林省 Jilin Province	200811	59762	4513	9294	19467
长春应用化学研究所 Changchun Inst. of Applied Chemistry	42458	18305	1595	3593	6198
东北地理与农业生态研究所 Northeast Inst. of Geography and Agroecology	13402	5818	664	1880	1080
长春光学精密机械与物理研究所 Changchun Inst. of Optics，Fine Mechanics and Physics	144951	35639	2254	3821	12189
上海市、福建省、浙江省 Shanghai, Fujian Province, and Zhejiang Province	578401	177446	13762	51259	34995
上海应用物理研究所 Shanghai Inst. of Applied Physics	56809	13003	1136	3061	2263

续表 4-3

社会保障费 Social security expenditure	公用支出 Public expenditure	公共运行费 Expenditure for public operation	科研业务费 Expenditure for professional activity	固定资产购置费 Expenditure for purchasing equipment	专款支出 Designated expenditure	经营支出 Operating expenses	结转自筹基建 Balanced and transferred self-raised capital construction funds
4688	36103	4466	27384	4198	140	1205	
633	1698	451	981	239	129	70	
648	7538	1149	4215	395	183	12	
1211	16538	1648	12873	2017	164	17	1180
775	9628	4550	3092	1986			
3572	22283	5878	9809	6473	34	1970	44
3572	22283	5878	9809	6473	34	1970	44
32001	180658	20362	124646	34170	1317	102	9731
12820	39825	4838	24966	9701	437	82	7147
2456	14002	1255	8323	4415	52		
3440	48637	4196	40882	3500	67		400
6138	50693	6896	31772	11310	177		384
7146	27501	3178	18703	5245	584	20	1800
21451	140129	13659	88751	37720	560	360	
4561	23936	5671	11022	7242	217		
1738	7473	1334	4252	1887	112		
15152	108721	6653	73477	28590	231	360	
63170	373139	59776	208752	97231	7574	10781	9462
5595	39790	11056	12970	14686	216	2655	1145

系统及单位 System and institute	合 计 Total	人员支出 Personnel expenditure	基本工资 Basic salary	补助工资 Subsidiary salary	其他工资 Other salaries
上海天文台 Shanghai Observatory	18989	6027	426	1402	1353
上海硅酸盐研究所 Shanghai Inst. of Ceramics	50321	19012	964	4554	5183
上海有机化学研究所 Shanghai Inst. of Organic Chemistry	47036	15951	1010	5142	2279
上海生命科学研究院 Shanghai Institutes for Biological Sciences	105711	37954	3039	14646	6350
上海微系统与信息技术研究所 Shanghai Inst. of Microsystem and Information Technology	68131	20721	2707	2484	5766
上海光学精密机械研究所 Shanghai Inst. of Optics and Fine Mechanics	55626	14449	969	4874	2154
上海技术物理研究所 Shanghai Inst. of Technical Physics	78649	18251	1324	5410	4866
上海药物研究所 Shanghai Inst. of Materia Medica	46981	14912	826	4176	678
福建物质结构研究所 Fujian Inst. of Research on the Structure of Matter	26837	10033	921	3528	1063
宁波材料技术与工程研究所 Ningbo Inst. of Material Technology and Engineering	23311	7132	440	1981	3039
江苏省 Jiangsu Province	91199	36126	2357	6553	6238
紫金山天文台 Purple Mountain Observatory	33631	13362	1134	2899	3169
南京地理与湖泊研究所 Nanjing Inst. of Geography and Limnology	16633	5788	397	1064	1005
南京地质古生物研究所 Nanjing Inst. of Geology and Palaeontology	13991	6500	305	740	949
南京土壤研究所 Nanjing Inst. of Soil Science	26944	10476	522	1851	1115
安徽省 Anhui Province	103151	30168	2599	8690	4708
合肥物质科学研究院 Hefei Institutes of Physical Sciences	103151	30168	2599	8690	4708
湖北省 Hubei Province	93313	35130	3073	6478	8528

社会保障费 Social security expenditure	公用支出 Public expenditure	公共运行费 Expenditure for public operation	科研业务费 Expenditure for professional activity	固定资产购置费 Expenditure for purchasing equipment	专款支出 Designated expenditure	经营支出 Operating expenses	结转自筹基建 Balanced and transferred self-raised capital construction funds
2312	11233	1797	6148	3287	26	235	1468
7427	28738	5234	15444	7106	324	648	1598
6504	30627	6062	18072	6350	156	302	
10440	66691	8970	39178	15219	965		100
7926	39208	8567	20750	9844	499	5451	2252
5480	39959	3999	24816	10588	98	1120	
5735	59449	5526	43961	9479	71	362	516
7471	28821	4528	15171	8980	905		2343
2983	16279	2568	7409	6052	477	8	40
1298	12343	1470	4832	5639	3836		
18771	54300	8364	31623	14106	379	394	
5600	20163	5632	6955	7534	96	10	
2897	10679	1401	6846	2401	76	90	
4139	7175	439	5831	805	115	202	
6135	16283	893	11991	3366	93	92	
11132	65442	4806	43935	18222	861	5267	1414
11132	65442	4806	43935	18222	861	5267	1414
12778	57654	8200	33232	15961	348		180

系统及单位 System and institute	合 计 Total	人员支出 Personnel expenditure	基本工资 Basic salary	补助工资 Subsidiary salary	其他工资 Other salaries
武汉物理与数学研究所 Wuhan Inst. of Physics and Mathematics	19513	7322	850	1332	1272
武汉岩土力学研究所 Wuhan Inst. of Rock and Soil Mechanics	20654	9121	691	1950	2524
测量与地球物理研究所 Inst. of Geodesy and Geophysics	5955	2936	296	626	552
武汉植物园 Wuhan Botanical Garden	10735	4229	488	1197	789
水生生物研究所 Inst. of Hydrobiology	23399	6814	390	538	2197
武汉病毒研究所 Wuhan Inst. of Virology	13056	4709	358	835	1194
广东省、湖南省 Guangdong and Hunan Provinces	157255	51563	8008	12040	12746
广州地球化学研究所 Guangzhou Inst. of Geochemistry	24571	7110	747	608	2169
南海海洋研究所 South China Sea Inst. of Oceanology	37118	11318	847	1756	3950
华南植物园 South China Botanical Garden	17989	7902	524	2873	1523
广州能源研究所 Guangzhou Inst. of Energy Conversion	53061	16374	4937	1859	4477
广州生物医药与健康研究院 Guangzhou Institutes of Biomedicine and Health	16561	5972	452	4092	146
亚热带农业生态研究所 Inst. of Subtropical Agriculture	7955	2888	501	852	481
四川省 Sichuan Province	121960	32993	3083	9220	6191
成都山地灾害与环境研究所 Chengdu Inst. of Mountain Hazards and Environment	21151	5988	718	2091	701
成都生物研究所 Chengdu Inst. of Biology	14343	6172	525	1680	924
光电技术研究所 Inst. of Optics and Electronics	86466	20833	1840	5449	4567
云南省、贵州省 Yunnan and Guizhou Provinces	77134	27511	2865	5942	6186
昆明植物研究所 Kunming Inst. of Botany	23971	8711	599	1592	2902

社会保障费 Social security expenditure	公用支出 Public expenditure	公共运行费 Expenditure for public operation	科研业务费 Expenditure for professional activity	固定资产购置费 Expenditure for purchasing equipment	专款支出 Designated expenditure	经营支出 Operating expenses	结转自筹基建 Balanced and transferred self-raised capital construction funds
2760	12054	2008	5328	4629	137		
3236	11253	1813	7715	1708	100		180
966	3013	579	2024	357	6		
1491	6494	1639	3507	1348	12		
2827	16510	1101	11187	4199	76		
1498	8331	1059	3471	3720	17		
13213	94915	12457	51754	28449	8729	1530	518
2566	15932	1399	5870	8510	1048	482	
3934	24115	2224	17946	3945	1426	259	
2347	7927	1891	4347	1243	1590	570	
2907	31491	4598	14469	10974	4459	219	518
782	10392	2136	5435	2820	198		
677	5060	210	3687	957	8		
12411	88025	11731	58159	17649	272	65	605
1716	15123	1395	8000	5673	40		
2657	7407	1109	3890	2021	158		605
8038	65495	9227	46269	9955	73	65	
9554	46802	4714	26380	14581	908	191	1722
2509	14948	1420	9139	4325	312		

系统及单位 System and institute	合 计 Total	人员支出 Personnel expenditure	基本工资 Basic salary	补助工资 Subsidiary salary	其他工资 Other salaries
昆明动物研究所 Kunming Inst. of Zoology	19869	6117	408	1596	1326
西双版纳热带植物园 Xishuangbanna Tropical Botanical Garden	19024	7045	860	1600	1449
地球化学研究所 Inst. of Geochemistry	14270	5638	998	1154	508
陕西省 Shaanxi Province	73527	20898	2561	4814	3787
西安光学精密机械研究所 Xi'an Inst. of Optics and Precision Mechanics	47762	13336	1755	2276	2833
地球环境研究所 Inst. of Earth Environment	10293	1829	195	921	278
国家授时中心 National Time Service Center	15473	5733	611	1617	675
甘肃省、青海省 Gansu and Qinghai Provinces	123640	38198	3869	11879	6418
近代物理研究所 Inst. of Modern Physics	50370	11227	1202	2348	2937
兰州化学物理研究所 Lanzhou Inst. of Chemical Physics	22430	9114	879	4521	203
寒区旱区环境与工程研究所 Cold and Arid Regions Environmental and Engineering Research Inst.	33639	10629	1106	3278	2001
青海盐湖研究所 Qinghai Inst. of Saline Lakes	7441	4166	344	835	915
西北高原生物研究所 Northwest Inst. of Plateau Biology	9760	3062	338	897	362
新疆维吾尔自治区 Xinjiang Uygur Autonomous Region	31922	10418	1022	2686	2157
新疆理化技术研究所 Xinjiang Technical Inst. of Physics and Chemistry	11282	4486	454	1440	692
新疆生态与地理研究所 Xinjiang Inst. of Ecology and Geography	20640	5932	567	1246	1465

注：由于青岛生物能源与过程研究所、烟台海岸带研究所、城市环境研究所、苏州纳米技术与纳米仿生研究高等研究院、苏州生物医学工程技术研究所、重庆绿色智能技术研究院财务账户仍然下挂在其他单位，

Note: The Qingdao Inst. of Bioenergy and Bioprocess Technology, Yantai Inst. of Coastal Zone Research, Inst. of Technology and Engineering Center for Space Utilization, Beijing Advanced Sciences and Innovation Centre, and Technology, Chongqing Inst. of Green and Intelligent Technology under the financial account is still

续表 4-3

社会保障费 Social security expenditure	公用支出 Public expenditure	公共运行费 Expenditure for public operation	科研业务费 Expenditure for professional activity	固定资产购置费 Expenditure for purchasing equipment	专款支出 Designated expenditure	经营支出 Operating expenses	结转自筹基建 Balanced and transferred self-raised capital construction funds
2046	13565	724	7655	5186	187		
2537	10060	1929	5536	2421	197		1722
2462	8229	641	4050	2649	213	191	
8178	49067	7490	30958	9982	93	1369	2100
5320	32976	4776	22592	5608	81	1369	
231	6361	882	3693	1754	2		2100
2627	9730	1832	4672	2620	9		
13119	82984	7114	46274	29017	406	1260	793
4192	39067	1083	22579	14894	60	17	
2765	13095	1078	7590	4420	44	177	
3094	22240	3050	11578	7610	242	528	
1855	2520	994	936	531	21	226	507
1213	6062	909	3591	1562	39	312	286
3535	21207	2620	12138	6448	90		206
1595	6576	427	3611	2537	14		206
1941	14632	2193	8527	3912	76		

所、深圳先进技术研究院、空间应用工程与技术中心、北京综合研究中心、天津工业生物技术研究所、上海故未单独列出。

Urban Environment, Suzhou Inst. of Nano-Tech and Nano-Bionics, Shenzhen Institutes of Advanced Technology, Tianjin Inst. of Industrial Biotechnology, Shanghai Advanced Research Institute, Suzhou Inst. of Biomedical Engineering hanging in the other units, it is not listed separately.

主要统计指标解释

1. 事业单位总收入情况

财政补助收入 指单位从财政部门取得的科学事业费、房改经费。

拨入专款 指单位从没有直接部门预算管理关系的财政部门、上级单位或其他单位取得的有指定用途的专项资金，如从人事部取得的政府津贴、院士津贴。

事业收入 指单位开展专业业务活动及其辅助活动取得的收入，包括科研收入、技术收入、学术活动收入、科普活动收入、试制产品收入、预算外资金收入等。

科研收入 指单位承担科研课题（项目）和接受委托研制样品样机取得的收入，包括事业单位承担国家科研项目取得的收入，如国家“科技三项费用”项目、“国家自然科学基金”项目、“863”项目等；同时包括事业单位承担地方有关部门及企业的各类科研任务取得的收入。

技术收入 指单位对外提供技术转让、技术咨询、技术服务、技术培训、技术承包和技术开发取得的收入。

试制产品收入 指单位经过国家有关部门批准从事中间试验产品的试制取得的收入(不含科技三项费用中的中间试验费)。

预算外资金收入 指单位按照国家有关规定，为履行或代行政府职能，依据国家法律、法规和具有法律效力的规章而收取的纳入预算外资金专户管理的各种行政事业性收费等。

经营收入 指单位在专业业务活动及其辅助活动之外开展非独立核算的经营活动取得的收入，包括产品（商品）销售收入、经营服务收入、工程承包收入、租赁收入和其他经营收入。

其他收入 指单位除上述收入以外的其他收入，如投资收益、利息收入、捐赠收入、上级补助收入、附属单位缴款等。

2. 事业单位总支出情况

人员支出 指单位用各种经费开支的基本工资、补助工资、其他工资、职工福利费、社会保障费、助学金。

基本工资 主要指按国家有关规定支付给工作人员的固定工资及规定比例的津贴。

补助工资 指按国家有关规定支付给工作人员的津贴、补贴，包括各项岗位津贴、价格补贴、地方性补贴、冬季取暖补贴、夜餐补贴、职工上下班交通补贴、加班费等。

其他工资 主要指在基本工资、补助工资之外发给在职人员的属于国家规定工资总额组成范围的各种津贴、补贴。

社会保障费 指按国家有关规定支付给离退休人员的离退休金、津贴、补贴及单位按国家规定缴纳的各项基本社会保险金等。

公用支出 指单位用各种经费开支的公务费、设备购置费、修缮费、业务费及其他费用。

公共运行费 指用于组织和管理专业业务及其辅助活动发生的支出，主要包括办公费、邮电通信费、水电费、维修维护费、物业费、公用取暖费、车船油料费等。

科研业务费 指在开展专业业务及其辅助活动过程中发生的支出，主要包括消耗的各种原材料、计算测试费、燃料动力费、会议费、差旅费、外事活动费等。

固定资产购置费 指不属于基本建设支出，应按固定资产管理的科研、生产、开发、经营以及办公设备的购置支出，主要包括各种仪器设备、车辆、图书等购置费以及按规定提取的修购基金。

结转自筹基建 指单位经国家有关部门批准并纳入基本建设计划，用财政补助收入以外的资金安排的基本建设项目支出。

经营支出 指单位在专业业务活动及其辅助活动之外开展非独立核算经营活动发生的各项支出以及实行内部成本核算单位已销产品的实际成本。

专款支出 指单位用上述“拨入专款”开支的费用。

Explanatory Notes on Key Indicators

1. Total income of CAS institutions

Financial subsidiary income This refers to the operating funds for scientific research, and house subside obtained from the financial departments.

Special funds allocated This refers to the special funds for designated use obtained from the financial departments, higher authorities or other units, such as government allocations and allocations for CAS Members from the Ministry of Personnel Management.

Operating income This refers to the income obtained by performing professional activities and auxiliary work, including scientific research, technology, scientific activities, popular science activities and production of pilot products, and income from non-budgetary funds.

Scientific research income This refers to the income acquired by undertaking scientific research tasks (projects) and accepting assignments to develop samples and prototypes. It includes income for undertaking State scientific research projects, such as the “Three sums of science and technology funds”, “National Natural Science Foundation funds” , “863” Program funds, etc. It also includes income obtained from the local departments and enterprises by the institutions by undertaking various research tasks.

Technology income This refers to the income obtained from offering external technology transfer, technology consultation, technology service, technology training, technology contracting and technology development.

Income from trial-production of products This refers to the income obtained by producing pilot experimental products (not including allowance for pilot experiments in the “three sums of science and technology funds”) approved by the relevant State departments.

Income from non-budgetary funds This refers to various kinds of revenues (which are not included in the State budgetary management system) collected by the institution in performing or acting the functions on government behalf according to the State laws, regulations and rules which have the legal effects.

Business income This refers to the income acquired by carrying out non-independent accounting business activities other than professional and auxiliary work, including product (commodity) sales income, business service income, project contracting income, renting income and other business income.

Other income This refers to income other than the above-mentioned items, such as income from investment, interest, donation, subsidies from superior organizations, funds provided by affiliated units, etc.

2. Total expenditure of CAS institutions

Personnel expenditure This refers to the spending from various kinds of funds, such as basic salary, subsidiary salary and other salaries, welfare expenditure, social security expenditure, and people's grant-in-aid.

Basic salary This refers to the basic salary and proportioned allowance paid to the staff according to the relevant State policies.

Subsidiary salary This refers to the allowance and subsidies paid to the staff according to the relevant State policies, including working post allowance, inflation subsidies, local allowance, allowance for winter heating, night snack allowance, traffic allowance for the staff to and back from work, and overtime pay, etc.

Other salaries This mainly refers to the allowances and subsidies paid to the on-job staff, which is the components of the total salary set according to the relevant State policies. This item is not included in the basic salary and subsidiary salary.

Social security expenditure This refers to the pension, allowance or subsidies paid to the retired personnel according to the relevant State policy, and various basic social insurance premium paid by the units according to the State policy.

Public expenditure This refers to the spending from various kind of funds, such as official business spending, expenditure for professional activities, expenditure for purchasing equipment, renovation fees and others.

Expenditure for public operation This refers to the expenses for organizing and managing professional work and auxiliary activities, mainly including expenses on administration, postage and communications, water and electricity, repair maintenance, property costs, winter heating, vehicles and fuel, etc.

Expenditure for professional activity This refers to the expenses occurred in the process of carrying out professional work and auxiliary activities, mainly including raw and processed materials consumed, computation and testing, fuel and power, expenses for attending conferences and making business trips, etc.

Expenditure for purchasing equipment This refers to the expenses spent on equipment purchasing for scientific research, production, development, business operation and office instruments, which does not fall into the category of capital construction expenditure and is managed as fixed assets. It mainly includes expenses for purchasing various kinds of instruments and equipment, vehicles, books, etc., according to the relevant policies.

Balanced and transferred self-raised capital construction funds This refers to the expenditure from non financial subsidiary funds for capital construction projects which are approved by the State departments concerned and which are included in the capital construction plan of the year.

Operating expenditure This refers to the expenses occurred in the process of carrying out non-independent accounting business activities other than professional and auxiliary work, as well as the actual cost of products sold by those internal cost-accounting units.

Designated expenditure This refers to the expenses paid from above-mentioned "Designated funds".

五、基本建设

CAPITAL CONSTRUCTION

5-1 基本建设总体情况

General Information of Capital Construction

年份 Year	完成投资（万元） Investment completed (ten thousand yuan)				竣工面积（万平方米） Floor space completed (10000 square meter)
		国家及院拨款 State & CAS funds	建设单位自筹 Self-raised funds by construction unit	贷款 Loan	
1950~1952	276				2.05
1953~1957	9123				51.23
1958~1962	20972				79.4
1963~1965	12600				33.88
1966~1970	9139				15.37
1971~1975	7835				56.66
1976	2500				8.23
1977	3347				15.09
1978	8454				20.47
1979	18426				33.28
1980	17579				36.19
1981	13600				36.78
1982	15039				34.66
1983	14537				27.04
1984	16114				32.83
1985	17108	346			24.23
1986	21908	252			28.3
1987	27412	281			20.31
1988	28266	240			24.7
1989	29384	240			29.87
1990	23484	240			37.36
1991	30306	1971			23.17
1992	36636	5000			28.72
1993	38427	4809		3100	25.83
1994	40787	10000		3000	23.95
1995	44480	10000		2600	23.51
1996	48122	15982		700	22.66
1997	65936	25346			24.81
1998	91409	32387			29.46
1999	103721	48879			32.84
2000	140591	74192			45.3
2001	221479	95910	124869	700	53.88
2002	314274	175092	130111	9071	84.78
2003	342450	197664	144786		70.05
2004	242432	178013	62015	2405	76.02
2005	227700	161675	66025		42.41
2006	251892	143700	108192		55.58
2007	211400	113400	98000		41.89
2008	273500	145200	128300		43.48
2009	431000	296700	134300		15.58
2010	456711	314266	142445		52.21
2011	444239	290078	154161		41.42
2012	442370	269812	172558		56.89

5-2 基本建设投资完成情况（2012 年）

Capital Construction Expenditure: 2012

单位：万元 (ten thousand yuan)

项 目 Project	完成投资 Investment completed	国家及院拨款 State & CAS funds	建设单位自筹 Self-raised funds by construction unit	贷 款 Loan
总 计 Total	**442370**	**269812**	**172558**	
一、重大科技基础设施 Large research infrastructure	57829	56570	1259	
二、科教基础设施改造建设项目 Infrastructure renovation & construction of research and education	151621	45143	106478	
三、修购项目 Commercialized projects	29823	27268	2555	
四、引进人才项目 Talent programmes	6244	6244		
五、其他专项 Other designated projects	196853	134587	62266	

5-3 基本建设建筑面积完成情况（2012 年）

Floor Space Completed: 2012

单位：万平方米 (10000 square meter)

项 目 Project	在建面积 Floor space under construction	新开面积 Floor space started	竣工面积 Floor space completed	改造面积 Floor space reconstructed
总 计 Total	**104.61**	**39.27**	**56.89**	**10.61**
一、重大科技基础设施 Large research infrastructure				
二、知识创新工程基建专项 Special capital construction fund for Knowledge Innovation Program	104.61	39.27	56.89	10.61
科研用房改造建设 Renovation & construction for scientific research building	43.96	12.47	30.32	1.63
园区基础设施改造建设 Infrastructure renovation & construction of institute campuses				
教育设施及流动人员公寓改造建设项目 Reconstruction projects of educational facilities & apartments for the staff on mobility	60.65	26.8	26.57	8.98

六、科技活动

SCIENTIFIC AND TECHNOLOGICAL ACTIVITIES

6-1 科研机构人员概况
Staff of CAS Research Institutions

年 份 Year	在职职工 （人） Regular staff (person)	从事科技活动人员 S&T activity personnel		
			其中：女性 Of which:Female	科学家和工程师 Scientists & engineers
1985	69650	58220	19820	32174
1986	70510	60107	20509	34495
1987	66855	53727	18410	35034
1988	67554	56939	19419	36648
1989	67451	56895	19209	37587
1990	67547	56199	18536	38133
1991	67558	56029	18645	37668
1992	66608	54293	18070	37642
1993	64273	50584	16856	36199
1994	61641	46344	15393	33749
1995	59008	42934	14186	32446
1996	56245	41392	13598	32032
1997	53191	38104	12484	29798
1998	50271	33963	11373	27139
1999	47487	31205	10290	25450
2000	44772	29648	9547	24426
2001	40853	26391	8376	22105
2002	36679	23600	7455	20225
2003	35201	23218	7398	19108
2004	34847	23830	7550	20027
2005	35394	24755	7840	20446
2006	36085	25914	8281	21558
2007	36684	27315	8846	25347
2008	42558	33642	11660	31639
2009	46959	38642	12908	35366
2010	49968	42306	14171	
2011	52678	45566	15469	
2012	56531	50143	17197	

注: S&T—Science and Technology.

自 2008 年起，科研机构在职职工的统计范围是指科研机构中在编职工和项目聘用人员。

Note: Since 2008, the number of regular staff of research institution includes both the regular staff of all CAS institutions and the staff by project contract.

6-2 科研机构职工按工作性质分类（2012 年）

Statistics of CAS Staff, by Nature of Work: 2012

单位：人 (person)

地区及学科 Region and field	从事科技活动人员 S&T activity personnel	科技管理人员 S&T management personnel	课题活动人员 Project activity personnel	科技服务人员 S&T service personnel	从事生产经营活动人员 Production and business activity personnel	生活后勤服务人员 Logistics service personnel
总计 Total	**50143**	**5911**	**36329**	**7903**	**1298**	**5090**
一、按地区、分院分 By region and branch						
北京分院（筹） Beijing Branch	18713	2306	14211	2196	282	1799
沈阳分院 Shenyang Branch	4382	444	2881	1057	178	516
长春分院 Changchun Branch	2856	293	2297	266	308	474
上海分院 Shanghai Branch	8517	991	6247	1279	137	694
南京分院 Nanjing Branch	1623	159	1232	232	18	98
合肥地区 Hefei Area	1943	213	1326	404	54	115
武汉分院 Wuhan Branch	1658	199	1150	309	31	298
广州分院 Guangzhou Branch	3134	426	2259	449	11	131
成都分院 Chengdu Branch	1686	211	1048	427	112	286
昆明分院 Kunming Branch	1446	191	798	457	22	160

续表 6-2

地区及学科 Region and field	从事科技活动人员 S&T activity personnel	科技管理人员 S&T management personnel	课题活动人员 Project activity personnel	科技服务人员 S&T service personnel	从事生产经营活动人员 Production and business activity personnel	生活后勤服务人员 Logistics service personnel
西安分院 Xi'an Branch	1121	155	713	253	93	195
兰州分院 Lanzhou Branch	2358	259	1615	484	22	269
新疆分院 Xinjiang Branch	706	64	552	90	30	55
二、按学科分 By field						
数学、物理 Mathematics & physics	10375	1296	7511	1568	197	1068
化学与化工 Chemistry & chemical engineering	6998	725	5087	1186	87	652
地学 Earth sciences	6643	861	4847	935	34	689
生物学 Biological sciences	10261	1238	6864	2159	96	943
技术科学 Technological sciences	15652	1753	11863	2036	884	1698
其他 Others	214	38	157	19		40

注：此表不包括不在岗人员。

Note: This table does not include the personnel who are not on the working posts.

6-3 科研机构科技

Total Income of S&T Activities in

单位：千元

地区及学科 Region and field	科技活动收入 Total income of S&T activities	政府资金 Government funds	财政补助收入 Income from government subsidy	承担政府科研项目收入 Income from undertaking government research projects
总计 Total	**33668733**	**27977388**	**16614785**	**9904595**
一、按地区、分院分 By region and branch				
北京分院（筹） Beijing Branch	13921545	11975102	6947669	4269967
沈阳分院 Shenyang Branch	2757004	1819352	1175678	569039
长春分院 Changchun Branch	1904519	1803170	591680	1186952
上海分院 Shanghai Branch	6325522	5344945	3435943	1654503
南京分院 Nanjing Branch	801395	750640	487630	226060
合肥地区 Hefei Area	1166803	779277	494113	272369
武汉分院 Wuhan Branch	947001	839653	484602	272480
广州分院 Guangzhou Branch	1453110	1269742	730894	424465

活动收入（2012年）

CAS Research Institutions: 2012

(thousand yuan)

地方政府资金 Funds from local government	技术性收入 Technical income	其中:来自企业 Of which: From enterprises	国外资金 Funds from abroad	用于科技活动的贷款 Loans for S&T activities
1469701	**4366002**	**2180982**	**275571**	**9846269**
650705	1460248	825430	67633	4211641
57419	867868	837496	39694	569039
29346	68163	7517	4171	1186952
276626	741113	157055	90591	1654503
34922	19671	5518	1663	226060
12728	307159	41931	36938	272369
60429	83903	38102	9500	272480
199148	144172	107082	9746	424465

地区及学科 Region and field	科技活动 收 入 Total income of S&T activities	政府资金 Government funds	财政补助 收 入 Income from government subsidy	承担政府 科研项目 收 入 Income from undertaking government research projects
成都分院 Chengdu Branch	1185346	1027066	462452	562141
昆明分院 Kunming Branch	934081	668316	530409	103410
西安分院 Xi'an Branch	822017	425556	315221	107322
兰州分院 Lanzhou Branch	1133940	984928	776269	189618
新疆分院 Xinjiang Branch	316450	289641	182225	66269
二、按学科分 By field				
数学、物理 Mathematics & physics	7674487	6533829	4378210	1576841
化学与化工 Chemistry & chemical engineering	4479169	3340294	2213548	1027469
地学 Earth sciences	4409947	3893935	2363300	1314487
生物学 Biological sciences	5866887	4986677	3340132	1348727
技术科学 Technological sciences	11126056	9114596	4232124	4617163
其他 Others	112187	108057	87471	19908

地方政府资金 Funds from local government	技术性收入 Technical income	其中:来自企业 Of which: From enterprises	国外资金 Funds from abroad	用于科技活动的贷款 Loans for S&T activities
47231	31626	19769	1168	562141
34487	108531	22111	10609	103410
5606	374056	23880		107322
20904	135684	81002	3040	189618
40150	23808	14089	818	66269
529931	925455	315435	57890	1576841
90482	940844	675372	41909	1027469
229830	357238	151422	36678	1314487
230374	436548	82523	114494	1348727
379065	1702845	953455	23542	4558837
10019	3072	2775	1058	19908

地区及学科 Region and field	科技活动 收 入 Total income of S&T activities	政府资金 Government funds	财政补助 收 入 Income from government subsidy	承担政府 科研项目 收 入 Income from undertaking government research projects
三、按科研单位分 By institute				
北京市、山西省 Beijing and Shanxi Province	13921545	11975102	6947669	4269967
数学与系统科学研究院 Academy of Mathematics and Systems Science	189483	179241	136597	40189
物理研究所 Inst. of Physics	476249	457815	202854	248543
声学研究所 Inst. of Acoustics	550894	366299	233226	130248
理论物理研究所 Inst. of Theoretical Physics	66067	65682	48679	16631
高能物理研究所 Inst. of High Energy Physics	1256445	1224428	646834	177594
国家天文台 National Astronomical Observatories of China	666755	633445	428237	204723
力学研究所 Inst. of Mechanics	272258	231696	133088	93087
理化技术研究所 Technical Inst. of Physics and Chemistry	425052	334129	259241	53504
化学研究所 Inst. of Chemistry	411205	353922	208338	141078
生态环境研究中心 Research Center for Eco-Environmental Sciences	414346	314521	176466	126735
国家纳米科学中心 National Center for Nanoscience and Technology	198357	151491	67344	84147
过程工程研究所 Inst. of Process Engineering	415501	334889	208743	117687

续表 6-3

地方政府资金 Funds from local government	技术性收入 Technical income	其中:来自企业 Of which: From enterprises	国外资金 Funds from abroad	用于科技活动的贷款 Loans for S&T activities
650705	1460248	825430	67633	4211641
2552	10242	89		40189
3087	15393	1385	1319	248543
2008	149957	149957	184	130248
	385			16631
400000	23871	19031	800	177594
831	29999		2596	204723
				93087
4386	71350	31200	9364	53504
2300	48616	39401	1000	141078
11320	97628	58185	2197	126735
3050	4808	4808	2723	84147
6008	70601	56483	3785	117687

地区及学科 Region and field	科技活动收入 Total income of S&T activities	政府资金 Government funds	财政补助收入 Income from government subsidy	承担政府科研项目收入 Income from undertaking government research projects
遥感与数字地球研究所 Inst. of Remote Sensing and Digital Earth	297189	183409	125203	42980
地理科学与资源研究所 Inst. of Geographic Sciences and Natural Resources Research	590380	542099	277583	184419
青藏高原研究所 Inst. of Tibetan Plateau Research	117711	112943	71830	40329
古脊椎动物与古人类研究所 Inst. of Vertebrate Paleontology and Paleoanthropology	69275	62397	46223	13875
地质与地球物理研究所 Inst. of Geology and Geophysics	414154	369560	253533	116027
大气物理研究所 Inst. of Atmospheric Physics	342373	326968	199104	122729
植物研究所 Inst. of Botany	320338	288607	213421	65539
动物研究所 Inst. of Zoology	345990	242677	236904	
心理研究所 Inst. of Psychology	139655	84164	55710	24076
微生物研究所 Inst. of Microbiology	237873	219282	153575	62836
生物物理研究所 Inst. of Biophysics	377985	351253	232155	106017
遗传与发育生物学研究所 Inst. of Genetics and Developmental Biology	511066	506801	245585	253280
北京基因组研究所 Beijing Inst. of Genomics	112767	97914	48813	

地方政府资金 Funds from local government	技术性收入 Technical income	其中:来自企业 Of which: From enterprises	国外资金 Funds from abroad	用于科技活动的贷款 Loans for S&T activities
15226	110387	12044	696	42980
80097	13462	12053	27006	184419
	84	84	1298	40329
1995	6474			13875
8630	11905	11870		116027
2987	14152		1132	122729
5707	27140	6181	2015	65539
	25			
3440	55187	12463	304	24076
154	13548	7661	1288	62836
13081	14148	4879	2760	106017
1951	3067		50	253280
280	14403	577		

地区及学科 Region and field	科技活动收入 Total income of S&T activities	政府资金 Government funds	财政补助收入 Income from government subsidy	承担政府科研项目收入 Income from undertaking government research projects
计算技术研究所 Inst. of Computing Technology	350153	287346	180774	97634
软件研究所 Inst. of Software	271483	206369	100026	103212
半导体研究所 Inst. of Semiconductors	322308	295640	153946	131759
信息工程研究所 Inst.of Information Engineering	178407	168038	138037	4800
微电子研究所 Inst. of Microelectronics	401342	350724	84731	254447
电子学研究所 Inst. of Electronics	818995	668965	179859	488242
自动化研究所 Inst. of Automation	276713	244975	125436	92478
光电研究院 Academy of Opto-Electronics	174314	174314	61394	112920
电工研究所 Inst. of Electrical Engineering	283951	233347	103108	129438
工程热物理研究所 Inst. of Engineering Thermophysics	188466	166811	88968	77843
空间科学与应用研究中心 Center for Space Science and Applied Research	469864	438369	250431	186748
空间应用工程与技术中心 Technology and Engineering Center for Space Utilization	124788	124788	64922	58326
对地观测与数字地球科学中心 Center for Earth Observation and Digital Earth	322815	264821	241233	23476

地方政府资金 Funds from local government	技术性收入 Technical income	其中:来自企业 Of which: From enterprises	国外资金 Funds from abroad	用于科技活动的贷款 Loans for S&T activities
7700	60986	57632	1820	97634
3131	44415	29639	984	103212
7329	26668	6000		131759
	10369			4800
11546	45072	44672		254447
203	150030	2151		488242
26015	29251	29251	2487	92478
				112920
7706	50057	50057	547	129438
	21655	21655		77843
	25782	2917		186748
1570	44992	22135	220	23476

地区及学科 Region and field	科技活动收入 Total income of S&T activities	政府资金 Government funds	财政补助收入 Income from government subsidy	承担政府科研项目收入 Income from undertaking government research projects
自然科学史研究所 Inst. of History of Natural Sciences	30714	30317	29016	650
科技政策与管理科学研究所 Inst. of Policy and Management	81473	77740	58455	19258
北京综合研究中心 Beijing Advanced Sciences and Innovation Centre	11097	11097	11097	
山西煤炭化学研究所 Shanxi Inst. of Coal Chemistry	395294	195809	166950	22463
辽宁省、山东省 Liaoning and Shandong Provinces	2757004	1819352	1175678	569039
大连化学物理研究所 Dalian Inst. of Chemical Physics	822422	550441	341869	196698
沈阳应用生态研究所 Shenyang Inst. of Applied Ecology	179478	163721	99311	57671
沈阳自动化研究所 Shenyang Inst. of Automation	496690	191011	154940	26148
金属研究所 Inst. of Metal Research	673855	390156	292389	91771
海洋研究所 Inst. of Oceanology	584559	524023	287169	196751
吉林省 Jilin Province	1904519	1803170	591680	1186952
长春应用化学研究所 Changchun Inst. of Applied Chemistry	389742	322511	205753	97976
东北地理与农业生态研究所 Northeast Inst. of Geography and Agroecology	112779	109120	78016	31104

续表 6-3

地方政府资金 Funds from local government	技术性收入 Technical income	其中:来自企业 Of which: From enterprises	国外资金 Funds from abroad	用于科技活动的贷款 Loans for S&T activities
	397	100		650
10019	2675	2675	1058	19258
6396	141067	128195		22463
57419	867868	837496	39694	569039
11874	251120	249252	20861	196698
6298	12653	2078	1203	57671
9166	294195	293473		26148
5183	270531	270531	13168	91771
24898	39369	22162	4462	196751
29346	68163	7517	4171	1186952
18005	63060	4667	4171	97976
6107	3659	2850		31104

地区及学科 Region and field	科技活动收入 Total income of S&T activities	政府资金 Government funds	财政补助收入 Income from government subsidy	承担政府科研项目收入 Income from undertaking government research projects
长春光学精密机械与物理研究所 Changchun Inst. of Optics，Fine Mechanics and Physics	1401998	1371539	307911	1057872
上海市、福建省、浙江省 Shanghai, Fujian Province, and Zhejiang Province	6325522	5344945	3435943	1654503
上海应用物理研究所 Shanghai Inst. of Applied Physics	776373	756634	714676	35902
上海天文台 Shanghai Observatory	235358	206790	98145	84978
上海硅酸盐研究所 Shanghai Inst. of Ceramics	482132	320096	219228	82565
上海有机化学研究所 Shanghai Inst. of Organic Chemistry	454277	368977	296302	66215
上海药物研究所 Shanghai Inst. of Materia Medica	532345	367274	227307	125680
上海生命科学研究院 Shanghai Institutes for Biological Sciences	1107762	1015029	703529	248000
上海微系统与信息技术研究所 Shanghai Inst. of Microsystem and Information Technology	746192	613624	422179	152489
上海光学精密机械研究所 Shanghai Inst. of Optics and Fine Mechanics	660217	486684	222491	254947
上海技术物理研究所 Shanghai Inst. of Technical Physics	747844	682681	225351	449218

地方政府资金 Funds from local government	技术性收入 Technical income	其中:来自企业 Of which: From enterprises	国外资金 Funds from abroad	用于科技活动的贷款 Loans for S&T activities
5234	1444			1057872
276626	741113	157055	90591	1654503
5567	19232	250	354	35902
23667	25127		203	84978
18303	131517	18826	3849	82565
6070	71187	71187	527	66215
13073	89265	539	61618	125680
62172	42003	5488	24040	248000
38956	132568	28387		152489
8770	173508	1861		254947
7743	20589			449218

地区及学科 Region and field	科技活动收入 Total income of S&T activities	政府资金 Government funds	财政补助收入 Income from government subsidy	承担政府科研项目收入 Income from undertaking government research projects
福建物质结构研究所 Fujian Inst. of Research on the Structure of Matter	233492	229850	164388	59441
宁波材料技术与工程研究所 Ningbo Inst. of Material Technology and Engineering	267216	242110	120904	65547
城市环境研究所 Inst. of Urban Environment	82314	55196	21443	29521
江苏省 Jiangsu Province	801395	750640	487630	226060
紫金山天文台 Purple Mountain Observatory	305749	287041	243879	41093
南京地理与湖泊研究所 Nanjing Inst. of Geography and Limnology	164347	154037	64849	67527
南京地质古生物研究所 Nanjing Inst. of Geology and Palaeontology	98583	95194	62601	30604
南京土壤研究所 Nanjing Inst. of Soil Science	232716	214368	116301	86836
安徽省 Anhui Province	1166803	779277	494113	272369
合肥物质科学研究院 Hefei Institutes of Physical Sciences	1166803	779277	494113	272369
湖北省 Hubei Province	947001	839653	484602	272480
武汉物理与数学研究所 Wuhan Inst. of Physics and Mathematics	211240	204862	98713	84719

续表 6-3

地方政府资金 Funds from local government	技术性收入 Technical income	其中:来自企业 Of which: From enterprises	国外资金 Funds from abroad	用于科技活动的贷款 Loans for S&T activities
	3642			59441
86899	25106	25106		65547
5406	7369	5411		29521
34922	19671	5518	1663	226060
1788	8515	10		41093
21661	176			67527
1190				30604
10283	10980	5508	1663	86836
12728	307159	41931	36938	272369
12728	307159	41931	36938	272369
60429	83903	38102	9500	272480
540	3928		2450	84719

地区及学科 Region and field	科技活动收入 Total income of S&T activities	政府资金 Government funds	财政补助收入 Income from government subsidy	承担政府科研项目收入 Income from undertaking government research projects
武汉岩土力学研究所 Wuhan Inst. of Rock and Soil Mechanics	228263	176308	81516	43366
测量与地球物理研究所 Inst. of Geodesy and Geophysics	84293	77890	51102	25358
武汉植物园 Wuhan Botanical Garden	96841	65760	48003	16401
水生生物研究所 Inst. of Hydrobiology	212478	207575	129428	75421
武汉病毒研究所 Wuhan Inst. of Virology	113886	107258	75840	27215
广东省、湖南省 Guangdong and Hunan Provinces	1453110	1269742	730894	424465
广州地球化学研究所 Guangzhou Inst. of Geochemistry	212466	201622	138011	63611
南海海洋研究所 South China Sea Inst. of Oceanology	332042	254342	134560	102654
华南植物园 South China Botanical Garden	157802	133983	85252	34514
广州生物医药与健康研究院 Guangzhou Institutes of Biomedicine and Health	171172	162389	97096	25250
广州能源研究所 Guangzhou Inst. of Energy Conversion	173271	126984	57492	31635
亚热带农业生态研究所 Inst. of Subtropical Agriculture	80677	76402	43783	27481

地方政府资金 Funds from local government	技术性收入 Technical income	其中:来自企业 Of which: From enterprises	国外资金 Funds from abroad	用于科技活动的贷款 Loans for S&T activities
51009	45125	34496	3641	43366
1430	3275	759		25358
1234	27515	1548	2571	16401
2013	840	840		75421
4203	3220	459	838	27215
199148	144172	107082	9746	424465
770				63611
14078	74780	61548	118	102654
13498	18047	2188	3396	34514
40043	8286	5728		25250
37741	29971	24998	4316	31635
5138	1428	960	1916	27481

地区及学科 Region and field	科技活动收入 Total income of S&T activities	政府资金 Government funds	财政补助收入 Income from government subsidy	承担政府科研项目收入 Income from undertaking government research projects
深圳先进技术研究院 Shenzhen Institutes of Advanced Technology	325680	314020	174700	139320
四川省、重庆市 Sichuan Province and Chongqing	1185346	1027066	462452	562141
成都山地灾害与环境研究所 Chengdu Inst. of Mountain Hazards and Environment	122546	112414	70211	42203
成都生物研究所 Chengdu Inst. of Biology	102159	94963	85898	7064
光电技术研究所 Inst. of Optics and Electronics	840641	704689	231343	472874
重庆绿色智能技术研究院 Chongqing Inst. of Green and Intelligent Technology	120000	115000	75000	40000
云南省、贵州省 Yunnan and Guizhou Provinces	934081	668316	530409	103410
地球化学研究所 Inst. of Geochemistry	179139	158054	133294	22840
昆明植物研究所 Kunming Inst. of Botany	212564	183392	136529	38134
西双版纳热带植物园 Xishuangbanna Tropical Botanical Garden	190109	142962	124860	12098
昆明动物研究所 Kunming Inst. of Zoology	352269	183908	135726	30338
陕西省 Shaanxi Province	822017	425556	315221	107322
地球环境研究所 Inst. of Earth Environment	88100	87213	53910	33303

续表 6-3

地方政府资金 Funds from local government	技术性收入 Technical income	其中:来自企业 Of which: From enterprises	国外资金 Funds from abroad	用于科技活动的贷款 Loans for S&T activities
87880	11660	11660		139320
47231	31626	19769	1168	562141
16540	9198	7879	934	42203
7064	4176	2786	234	7064
422	13252	8924		472874
23205	5000	180		40000
34487	108531	22111	10609	103410
1500	19874	1431	11	22840
8729	15884	6898	9958	38134
7868	45267	270	299	12098
16390	27506	13512	341	30338
5606	374056	23880		107322
2840				33303

地区及学科 Region and field	科技活动收入 Total income of S&T activities	政府资金 Government funds	财政补助收入 Income from government subsidy	承担政府科研项目收入 Income from undertaking government research projects
西安光学精密机械研究所 Xi'an Inst. of Optics and Precision Mechanics	488853	251591	174559	74019
国家授时中心 National Time Service Center	245064	86752	86752	
甘肃省、青海省 Gansu and Qinghai Provinces	1133940	984928	776269	189618
近代物理研究所 Inst. of Modern Physics	470552	428904	389521	37180
兰州化学物理研究所 Lanzhou Inst. of Chemical Physics	204547	146758	116770	26018
寒区旱区环境与工程研究所 Cold and Arid Regions Environmental and Engineering Research Inst.	322032	281242	183475	95098
青海盐湖研究所 Qinghai Inst. of Saline Lakes	57854	51029	41397	6446
西北高原生物研究所 Northwest Inst. of Plateau Biology	78955	76995	45106	24876
新疆维吾尔自治区 Xinjiang Uygur Autonomous Region	316450	289641	182225	66269
新疆理化技术研究所 Xinjiang Technical Inst. of Physics and Chemistry	120785	103429	71042	12715
新疆生态与地理研究所 Xinjiang Inst. of Ecology and Geography	195665	186212	111183	53554

注：1. 表 6-3 与表 6-4 为国家科学技术部《科技统计年报》统计口径。

Note: Table 6-3, 6-4 is based on the specifications of the *S&T Statistical Yearbook* of the Ministry of Science and

2. 表 6-3 与表 6-4 中山西煤炭化学研究所合并到北京分院。

In Table 6-3 and 6-4, Shanxi Inst. of Coal Chemistry has been merged into the jurisdiction of Beijing Branch.

3. 由于天津工业生物技术研究所、青岛生物能源与过程研究所、烟台海岸带研究所、苏州纳米技术与

The Tianjin Inst. of Industrial Biotechnology,Qingdao Inst. of Bioenergy and Bioprocess Technology, Engineering and Technology, Shanghai Advanced Research Institute under the financial account is still

续表 6-3

地方政府资金 Funds from local government	技术性收入 Technical income	其中:来自企业 Of which: From enterprises	国外资金 Funds from abroad	用于科技活动的贷款 Loans for S&T activities
2666	215744	22226		74019
100	158312	1654		
20904	135684	81002	3040	189618
2133	41607	28606	41	37180
3970	54027	41114	2697	26018
3860	34519	6068	203	95098
3186	3571	3254	99	6446
7755	1960	1960		24876
40150	23808	14089	818	66269
19535	15253	6826		12715
20615	8555	7263	818	53554

Technology.

纳米仿生研究所、苏州生物医学工程技术研究所、上海高等研究院财务账户仍然下挂在其他单位，故未单独列出。
Yantai Inst. of Coastal Zone Research,Suzhou Inst. of Nano-tech and Nano-bionics, Suzhou Inst. of Biomedical hanging in the other units, they don’t listed separately.

6-4 科研机构科技活动经费内部支出情况（2012 年）

Total Internal Expenditure of S&T Activities in CAS Research Institutions: 2012

单位：千元 (thousand yuan)

地区及学科 Region and field	科研活动经费内部支出合计 Total internal expenditure for scientific research activities	人员费用 Personnel cost	设备购置费 Expenditure for purchasing equipment	其他日常支出 Other daily expenditure
总计 **Total**	**28515772**	**7628358**	**5362984**	**15524430**
一、按地区、分院分 By region and branch				
北京分院（筹） Beijing Branch	11770409	3099657	2205212	6465540
沈阳分院 Shenyang Branch	2418010	628305	316574	1473131
长春分院 Changchun Branch	1764725	375634	374075	1015016
上海分院 Shanghai Branch	5200503	1531097	1005281	2664125
南京分院 Nanjing Branch	672077	185041	119380	367656
合肥地区 Hefei Area	853175	213778	175823	463574
武汉分院 Wuhan Branch	809611	216108	137815	455688
广州分院 Guangzhou Branch	1430356	462438	288243	679675
成都分院 Chengdu Branch	908235	225534	180166	502535
昆明分院 Kunming Branch	661487	190151	130723	340613
西安分院 Xi'an Branch	637497	129852	93796	413849
兰州分院 Lanzhou Branch	1098322	288769	277687	531866
新疆分院 Xinjiang Branch	291365	81994	58209	151162
二、按学科分 By field				
数学、物理 Mathematics & physics	5787078	1497714	1367933	2921431

地区及学科 Region and field	科研活动经费内部支出合计 Total internal expenditure for scientific research activities	人员费用 Personnel cost	设备购置费 Expenditure for purchasing equipment	其他日常支出 Other daily expenditure
化学与化工 Chemistry & chemical engineering	3679030	1146712	653868	1878450
地学 Earth sciences	3717952	1062387	700590	1954975
生物学 Biological sciences	5243911	1516277	903814	2823820
技术科学 Technological sciences	9981758	2359842	1731330	5890586
其他 Others	106043	45426	5449	55168
三、按科研单位分 By institute				
北京市、山西省 Beijing and Shanxi Province	11770409	3099657	2205212	6465540
数学与系统科学研究院 Academy of Mathematics and Systems Science	176811	61097	4315	111399
物理研究所 Inst. of Physics	472439	98467	161497	212475
声学研究所 Inst. of Acoustics	475151	105394	50594	319163
理论物理研究所 Inst. of Theoretical Physics	48279	15378	11112	21789
高能物理研究所 Inst. of High Energy Physics	758667	184075	234075	340517
国家天文台 National Astronomical Observatories of China	454514	157879	66747	229888
力学研究所 Inst. of Mechanics	249807	66915	82978	99914
理化技术研究所 Technical Inst. of Physics and Chemistry	342394	90417	70358	181619
化学研究所 Inst. of Chemistry	350547	97338	54752	198457
生态环境研究中心 Research Center for Eco-Environmental Sciences	343195	89398	56213	197584

地区及学科 Region and field	科研活动经费内部支出合计 Total internal expenditure for scientific research activities	人员费用 Personnel cost	设备购置费 Expenditure for purchasing equipment	其他日常支出 Other daily expenditure
国家纳米科学中心 National Center for Nanoscience and Technology	147345	27494	21080	98771
过程工程研究所 Inst. of Process Engineering	285631	96546	68428	120657
遥感与数字地球研究所 Inst. of Remote Sensing and Digital Earth	191515	69946	17502	104067
地理科学与资源研究所 Inst. of Geographic Sciences and Natural Resources Research	452428	141511	67887	243030
青藏高原研究所 Inst. of Tibetan Plateau Research	92714	28169	16333	48212
古脊椎动物与古人类研究所 Inst. of Vertebrate Paleontology and Paleoanthropology	68735	26266	6594	35875
地质与地球物理研究所 Inst. of Geology and Geophysics	392535	95394	99591	197550
大气物理研究所 Inst. of Atmospheric Physics	342933	79429	65166	198338
植物研究所 Inst. of Botany	330164	114415	64663	151086
动物研究所 Inst. of Zoology	274822	73108	53656	148058
心理研究所 Inst. of Psychology	108852	45388	11448	52016
微生物研究所 Inst. of Microbiology	215822	75652	33575	106595
生物物理研究所 Inst. of Biophysics	390799	85644	96505	208650
遗传与发育生物学研究所 Inst. of Genetics and Developmental Biology	481379	94559	68017	318803
北京基因组研究所 Beijing Inst. of Genomics	127186	20857	21043	85286
计算技术研究所 Inst. of Computing Technology	398686	120867	28459	249360
软件研究所 Inst. of Software	272658	76937	41777	153944

地区及学科 Region and field	科研活动经费内部支出合计 Total internal expenditure for scientific research activities	人员费用 Personnel cost	设备购置费 Expenditure for purchasing equipment	其他日常支出 Other daily expenditure
半导体研究所 Inst. of Semiconductors	295715	77194	62130	156391
信息工程研究所 Inst.of Information Engineering	135988	32298	19814	83876
微电子研究所 Inst. of Microelectronics	471485	86248	160352	224885
电子学研究所 Inst. of Electronics	541089	105584	65928	369577
自动化研究所 Inst. of Automation	269996	78001	47083	144912
光电研究院 Academy of Opto-Electronics	181584	52112	29179	100293
电工研究所 Inst. of Electrical Engineering	259234	51727	55705	151802
工程热物理研究所 Inst. of Engineering Thermophysics	182892	37468	67707	77717
空间科学与应用研究中心 Center for Space Science and Applied Research	456792	104806	30675	321311
空间应用工程与技术中心 Technology and Engineering Center for Space Utilization	126786	50321	4074	72391
对地观测与数字地球科学中心 Center for Earth Observation and Digital Earth	192031	59385	20165	112481
自然科学史研究所 Inst. of History of Natural Sciences	29677	13477	1883	14317
科技政策与管理科学研究所 Inst. of Policy and Management	76366	31949	3566	40851
北京综合研究中心 Beijing Advanced Sciences and Innovation Centre	7667	2613	707	4347
山西煤炭化学研究所 Shanxi Inst. of Coal Chemistry	297099	77934	61879	157286
辽宁省、山东省 Liaoning and Shandong Provinces	2418010	628305	316574	1473131
大连化学物理研究所 Dalian Inst. of Chemical Physics	579279	166838	91654	320787

续表 6-4

地区及学科 Region and field	科研活动经费内部支出合计 Total internal expenditure for scientific research activities	人员费用 Personnel cost	设备购置费 Expenditure for purchasing equipment	其他日常支出 Other daily expenditure
沈阳应用生态研究所 Shenyang Inst. of Applied Ecology	178668	45684	25813	107171
沈阳自动化研究所 Shenyang Inst. of Automation	579247	84340	34853	460054
金属研究所 Inst. of Metal Research	666931	188785	111730	366416
海洋研究所 Inst. of Oceanology	413885	142658	52524	218703
吉林省 Jilin Province	1764725	375634	374075	1015016
长春应用化学研究所 Changchun Inst. of Applied Chemistry	374205	141800	70318	162087
东北地理与农业生态研究所 Northeast Inst. of Geography and Agroecology	96871	24563	17852	54456
长春光学精密机械与物理研究所 Changchun Inst. of Optics，Fine Mechanics and Physics	1293649	209271	285905	798473
上海市、福建省、浙江省 Shanghai,Fujian Province,and Zhejiang Province	5200503	1531097	1005281	2664125
上海应用物理研究所 Shanghai Inst. of Applied Physics	487621	125100	145223	217298
上海天文台 Shanghai Observatory	144365	48824	39869	55672
上海硅酸盐研究所 Shanghai Inst. of Ceramics	426951	141773	69603	215575
上海有机化学研究所 Shanghai Inst. of Organic Chemistry	425006	153867	63559	207580
上海药物研究所 Shanghai Inst. of Materia Medica	386478	128741	90407	167330
上海生命科学研究院 Shanghai Institutes for Biological Sciences	988665	334533	148540	505592
上海微系统与信息技术研究所 Shanghai Inst. of Microsystem and Information Technology	575877	182061	98443	295373
上海光学精密机械研究所 Shanghai Inst. of Optics and Fine Mechanics	509183	107960	105033	296190

续表 6-4

地区及学科 Region and field	科研活动经费内部支出 合计 Total internal expenditure for scientific research activities	人员费用 Personnel cost	设备购置费 Expenditure for purchasing equipment	其他日常支出 Other daily expenditure
上海技术物理研究所 Shanghai Inst. of Technical Physics	746133	155738	101649	488746
福建物质结构研究所 Fujian Inst. of Research on the Structure of Matter	200245	64059	46690	89496
宁波材料技术与工程研究所 Ningbo Inst. of Material Technology and Engineering	229917	65391	56454	108072
城市环境研究所 Inst. of Urban Environment	80062	23050	39811	17201
江苏省 Jiangsu Province	672077	185041	119380	367656
紫金山天文台 Purple Mountain Observatory	284755	82128	60720	141907
南京地理与湖泊研究所 Nanjing Inst. of Geography and Limnology	137267	30085	23638	83544
南京地质古生物研究所 Nanjing Inst. of Geology and Palaeontology	45807	28028	8055	9724
南京土壤研究所 Nanjing Inst. of Soil Science	204248	44800	26967	132481
安徽省 Anhui Province	853175	213778	175823	463574
合肥物质科学研究院 Hefei Institutes of Physical Sciences	853175	213778	175823	463574
湖北省 Hubei Province	809611	216108	137815	455688
武汉物理与数学研究所 Wuhan Inst. of Physics and Mathematics	167852	40638	46291	80923
武汉岩土力学研究所 Wuhan Inst. of Rock and Soil Mechanics	170888	61328	17077	92483
测量与地球物理研究所 Inst. of Geodesy and Geophysics	50888	16371	3094	31423
武汉植物园 Wuhan Botanical Garden	92751	33760	13139	45852
水生生物研究所 Inst. of Hydrobiology	212858	38327	41985	132546

地区及学科 Region and field	科研活动经费内部支出合计 Total internal expenditure for scientific research activities	人员费用 Personnel cost	设备购置费 Expenditure for purchasing equipment	其他日常支出 Other daily expenditure
武汉病毒研究所 Wuhan Inst. of Virology	114374	25684	16229	72461
广东省、湖南省 Guangdong and Hunan Provinces	1430356	462438	288243	679675
广州地球化学研究所 Guangzhou Inst. of Geochemistry	217094	43599	88944	84551
南海海洋研究所 South China Sea Inst. of Oceanology	325729	90132	39423	196174
华南植物园 South China Botanical Garden	146386	62163	11708	72515
广州能源研究所 Guangzhou Inst. of Energy Conversion	154329	59265	10858	84206
亚热带农业生态研究所 Inst. of Subtropical Agriculture	73623	21544	7497	44582
广州生物医药与健康研究院 Guangzhou Institutes of Biomedicine and Health	161400	54009	28739	78652
深圳先进技术研究院 Shenzhen Institutes of Advanced Technology	351795	131726	101074	118995
四川省、重庆市 Sichuan Province and Chongqing	908235	225534	180166	502535
成都山地灾害与环境研究所 Chengdu Inst. of Mountain Hazards and Environment	123170	29881	17647	75642
成都生物研究所 Chengdu Inst. of Biology	128606	37174	20249	71183
光电技术研究所 Inst. of Optics and Electronics	566459	141279	92270	332910
重庆绿色智能技术研究院 Chongqing Inst. of Green and Intelligent Technology	90000	17200	50000	22800
云南省、贵州省 Yunnan and Guizhou Provinces	661487	190151	130723	340613
地球化学研究所 Inst. of Geochemistry	115636	35644	22712	57280
昆明植物研究所 Kunming Inst. of Botany	215194	64978	43007	107209
西双版纳热带植物园 Xishuangbanna Tropical Botanical Garden	150602	47831	21644	81127

地区及学科 Region and field	科研活动经费内部支出合　计 Total internal expenditure for scientific research activities	人员费用 Personnel cost	设备购置费 Expenditure for purchasing equipment	其他日常支出 Other daily expenditure
昆明动物研究所 Kunming Inst. of Zoology	180055	41698	43360	94997
陕西省 Shaanxi Province	637497	129852	93796	413849
地球环境研究所 Inst. of Earth Environment	78358	13322	17542	47494
西安光学精密机械研究所 Xi'an Inst. of Optics and Precision Mechanics	433302	83878	50013	299411
国家授时中心 National Time Service Center	125837	32652	26241	66944
甘肃省、青海省 Gansu and Qinghai Provinces	1098322	288769	277687	531866
近代物理研究所 Inst. of Modern Physics	466707	77233	148941	240533
兰州化学物理研究所 Lanzhou Inst. of Chemical Physics	198447	64280	44752	89415
寒区旱区环境与工程研究所 Cold and Arid Regions Environmental and Engineering Research Inst.	301109	96143	63431	141535
青海盐湖研究所 Qinghai Inst. of Saline Lakes	51080	25385	4940	20755
西北高原生物研究所 Northwest Inst. of Plateau Biology	80979	25728	15623	39628
新疆维吾尔自治区 Xinjiang Uygur Autonomous Region	291365	81994	58209	151162
新疆理化技术研究所 Xinjiang Technical Inst. of Physics and Chemistry	100149	33798	25365	40986
新疆生态与地理研究所 Xinjiang Inst. of Ecology and Geography	191216	48196	32844	110176

注：1. 科技活动经费内部支出不包括本机构委托外单位或与外单位合作而拨给对方的经费。

Note: The total internal expenditure of S&T activities does not include the funds allocated by the institution to other units for cooperation.

2. 由于天津工业生物技术研究所、青岛生物能源与过程研究所、烟台海岸带研究所、苏州纳米技术与纳米仿生研究所、苏州生物医学工程技术研究所、上海高等研究院财务账户仍然下挂在其他单位，故未单独列出。

The Tianjin Inst. of Industrial Biotechnology, Qingdao Inst. of Bioenergy and Bioprocess Technology, Yantai Inst. of Coastal Zone Research, Suzhou Inst. of Nano-tech and Nano-bionics, Suzhou Inst. of Biomedical Engineering and Technology, Shanghai Advanced Research Institute under the financial account is still hanging in the other units, they don't listed separately.

6-5 科研机构基本建设投资完成情况（2012 年）

Capital Construction Expenditure in CAS Research Institutions: 2012

单元：千元 (thousand yuan)

地区及学科 Region and field	基本建设投资实际完成额 Actual expenditure in capital construction investment	科研仪器设备 Scientific research instruments and equipment	科研土建工程 Civil engineering projects for scientific research	生产经营土建与设备 Civil engineering for production, operation and equipment	生活土建与设备 Civil engineering for living and equipment
总　计 Total	**4596389**	**1398362**	**2976791**	**29449**	**191787**
一、按地区、分院分 By region and branch					
北京分院（筹） Beijing Branch	1417159	160215	1229241		27703
沈阳分院 Shenyang Branch	658621	79024	579597		
长春分院 Changchun Branch	247005		247005		
上海分院 Shanghai Branch	1369788	928825	438293		2670
南京分院 Nanjing Branch	22416	6000	14616		1800
合肥地区 Hefei Area	225748	108829	33691		83228
武汉分院 Wuhan Branch	218958	25138	193820		
广州分院 Guangzhou Branch	14194	129	14065		
成都分院 Chengdu Branch	179973	36268	105104	29449	9152

地区及学科 Region and field	基本建设投资实际完成额 Actual expenditure in capital construction investment	科研仪器设备 Scientific research instruments and equipment	科研土建工程 Civil engineering projects for scientific research	生产经营土建与设备 Civil engineering for production, operation and equipment	生活土建与设备 Civil engineering for living and equipment
昆明分院 Kunming Branch	56976	2856	54120		
西安分院 Xi'an Branch	69852	35789	34063		
兰州分院 Lanzhou Branch	114229	15289	33176		65764
新疆分院 Xinjiang Branch	1470				1470
二、按学科分 By field					
数学、物理 Mathematics & physics	1578141	1004527	422222		151392
化学与化工 Chemistry & chemical engineering	342104	74006	266628		1470
地学 Earth sciences	627435	2575	598651		26209
生物学 Biological sciences	532244	34535	494109		3600
技术科学 Technological sciences	1499129	282719	1177845	29449	9116
其他 Others	17336		17336		

6-6 科研机构科研仪器

Original Value of Scientific Equipment and

单位：千元

地区、学科及科研单位 Region，field and research institution	合 计 Total				
	总 额 （千元） Total value (thousand yuan)	100千元以上 Above 100 (thousand yuan)	100千元以上台（套）数 Over 100 thousand yuan (set)	其中：进口 （千元） Of which: Imported (thousand yuan)	100千元以上 Above 100 (thousand yuan)
总 计 Total	**31427662**	**24178402**	**50343**	**16548136**	**14526541**
一、按地区、分院分 By region and branch					
北京分院（筹） Beijing Branch	12901313	9566676	22346	6571971	5754373
沈阳分院 Shenyang Branch	2606852	2071192	3925	1489065	1381892
长春分院 Changchun Branch	1326274	1165325	2174	782192	689869
上海分院 Shanghai Branch	6852538	5334114	10363	3729970	3231705
南京分院 Nanjing Branch	936058	759050	1654	585016	527147
合肥地区 Hefei Area	1048640	869702	1314	357920	324741
武汉分院 Wuhan Branch	691853	559274	1070	501784	409099
广州分院 Guangzhou Branch	1017830	795700	1562	647764	561201
成都分院 Chengdu Branch	784499	628575	1050	489297	449567
昆明分院 Kunming Branch	619756	450035	771	315337	262064
西安分院 Xi’an Branch	694940	553891	789	315795	280420
兰州分院 Lanzhou Branch	1692339	1240422	2914	619688	525338
新疆分院 Xinjiang Branch	254770	184446	411	142337	129125

设备原值情况（2012 年）

Instrumentation in CAS Research Institutions: 2012

(thousand yuan)

其中: 20 世纪 90 年代制造 Of which: Made in the 1990s				其中: 2000 年及以后制造 Of which: Made after 2000			
总 额（千元）Total value (thousand yuan)	100 千元以上 Above 100 (thousand yuan)	其中: 进口（千元）Of which: Imported (thousand yuan)	100 千元以上 Above 100 (thousand yuan)	总 额（千元）Total value (thousand yuan)	100 千元以上 Above 100 (thousand yuan)	其中: 进口（千元）Of which: Imported (thousand yuan)	100 千元以上 Above 100 (thousand yuan)
1740789	**1377595**	**915247**	**795465**	**29000062**	**22233821**	**15381963**	**13540225**
809974	660422	432054	363488	11755279	8575462	6016057	5289462
122867	99786	87264	71738	2455078	1947897	1378704	1291649
59546	46262	37564	36025	1239244	1097661	723340	634534
331326	260642	161828	149112	6438861	5023487	3526445	3062638
21580	15601	13390	11117	907439	738658	566086	512704
107416	102741	24926	23742	925447	753627	331173	299415
29642	20917	20712	19355	640236	512152	475838	385322
28784	26328	25943	24837	949839	730575	612915	527458
32649	24716	21743	19152	694490	601249	464269	428565
30127	23683	21099	18573	588231	426229	293506	243368
73411	25332	22064	20413	602322	512840	289428	257158
85605	65639	41707	33544	1560354	1137607	570019	485739
7862	5526	4953	4369	243242	176377	134183	122213

地区、学科及科研单位 Region, field and research institution	合计 Total				
	总额（千元） Total value (thousand yuan)	100千元以上 Above 100 (thousand yuan)	100千元以上台（套）数 Over 100 thousand yuan (set)	其中：进口（千元） Of which: Imported (thousand yuan)	100千元以上 Above 100 (thousand yuan)
二、按学科分 By field					
数学、物理 Mathematics & physics	8879916	7069721	12185	3560995	3099538
化学与化工 Chemistry & chemical engineering	4946893	3788550	12433	3032402	2726172
地学 Earth sciences	3280137	2331770	5117	1839915	1639737
生物学 Biological sciences	5481493	3776162	8312	3339406	2607377
技术科学 Technological sciences	8808981	7206830	12282	4772009	4450308
其他 Others	30242	5369	14	3409	3409
三、按科研单位分 By institute					
北京市、天津市、山西省 Beijing, Tianjin and Shanxi Province	12901313	9566676	22346	6571971	5754373
数学与系统科学研究院 Academy of Mathematics and Systems Science	46199	650	10		
物理研究所 Inst. of Physics	910041	739639	1263	750462	675790
声学研究所 Inst. of Acoustics	580142	504489	632	133875	121751
理论物理研究所 Inst. of Theoretical Physics	36554	20860	22	6093	6093
高能物理研究所 Inst. of High Energy Physics	1490283	1126346	1948	535154	453345
国家天文台 National Astronomical Observatories of China	718376	604057	634	178070	166743
力学研究所 Inst. of Mechanics	334809	226973	488	96298	87200
理化技术研究所 Technical Inst. of Physics and Chemistry	354301	249541	792	134874	56864

续表 6-6

其中: 20 世纪 90 年代制造 Of which: Made in the 1990s				其中: 2000 年及以后制造 Of which: Made after 2000			
总额（千元）Total value (thousand yuan)	100 千元以上 Above 100 (thousand yuan)	其中: 进口（千元）Of which: Imported (thousand yuan)	100 千元以上 Above 100 (thousand yuan)	总额（千元）Total value (thousand yuan)	100 千元以上 Above 100 (thousand yuan)	其中: 进口（千元）Of which: Imported (thousand yuan)	100 千元以上 Above 100 (thousand yuan)
469765	363539	173975	148262	8140952	6310248	3300635	2894794
235787	198716	188825	179982	4556300	3555873	2786319	2514729
187097	158370	139626	130611	2950581	2112775	1664448	1488640
258453	175904	82956	57278	5194749	3581060	3245890	2544397
589373	481066	329865	279332	8127552	6668496	4381262	4094256
314				29928	5369	3409	3409
809974	660422	432054	363488	11755279	8575462	6016057	5289462
				46199	650		
53339	44039	43587	40757	835859	685904	694364	625769
10194	7317	3288	2543	564753	321660	128624	118917
				36554	20860		
57385	37969	22542	15529	1405493	1073759	499758	431364
31847	27728	8222	7639	626639	531976	153643	143747
35428	28104	25681	23782	271155	174147	66881	61320
75324	48870	2390	848	270105	192681	120034	56016

地区、学科及科研单位 Region, field and research institution	合　计 Total				
	总　额 （千元） Total value (thousand yuan)	100 千元以上 Above 100 (thousand yuan)	100 千元以上 台（套）数 Over 100 thousand yuan (set)	其中：进口 （千元） Of which: Imported (thousand yuan)	100 千元以上 Above 100 (thousand yuan)
化学研究所 Inst. of Chemistry	512104	388026	941	373806	343108
生态环境研究中心 Research Center for Eco-Environmental Sciences	266595	186305	496	194876	151117
国家纳米科学中心 National Center for Nanoscience and Technology	168589	168589	4747	145526	145526
过程工程研究所 Inst. of Process Engineering	421599	215671	445	142688	120102
遥感与数字地球研究所 Inst. of Remote Sensing and Digital Earth	115917	72253	157	39971	38967
地理科学与资源研究所 Inst. of Geographic Sciences and Natural Resources Research	253183	141425	325	99117	92742
青藏高原研究所 Inst. of Tibetan Plateau Research	79077	66281	201	48986	42385
古脊椎动物与古人类研究所 Inst. of Vertebrate Paleontology and Paleoanthropology	31511	15320	39	26114	15320
地质与地球物理研究所 Inst. of Geology and Geophysics	489242	381008	647	311662	294276
大气物理研究所 Inst. of Atmospheric Physics	331149	198614	490	153931	134506
植物研究所 Inst. of Botany	240480	176794	381	210762	170825
动物研究所 Inst. of Zoology	251569	133568	354	189573	120775
心理研究所 Inst. of Psychology	54874	34849	97	30445	11025
微生物研究所 Inst. of Microbiology	240057	154962	448	190206	146514
生物物理研究所 Inst. of Biophysics	579093	466878	697	313476	294242
遗传与发育生物学研究所 Inst. of Genetics and Developmental Biology	365011	257422	570	227398	180602
北京基因组研究所 Beijing Inst. of Genomics	125912	110401	119	98137	89710

续表 6-6

其中: 20 世纪 90 年代制造 Of which: Made in the 1990s				其中: 2000 年及以后制造 Of which: Made after 2000			
总额（千元）Total value (thousand yuan)	100 千元以上 Above 100 (thousand yuan)	其中: 进口（千元）Of which: Imported (thousand yuan)	100 千元以上 Above 100 (thousand yuan)	总额（千元）Total value (thousand yuan)	100 千元以上 Above 100 (thousand yuan)	其中: 进口（千元）Of which: Imported (thousand yuan)	100 千元以上 Above 100 (thousand yuan)
32263	28899	28844	27737	477163	353053	336454	307438
8470	5877	6484	5717	256213	179752	186860	144724
				168589	168589	145526	145526
21948	12967	13169	11306	315450	200685	125870	106777
4248	3651	3215	3215	111660	68602	36756	35752
5205	2827	1824	1824	226457	136161	97292	90917
				79077	66281	48986	42385
2716	660	660	660	27209	14560	16164	14560
53529	51209	49467	48672	422775	322986	256757	242194
13493	11961	2179	2092	315247	184395	150943	131604
8802	7021	7872	6713	231678	169773	202890	164112
12603	7326	10357	6257	235845	126141	176277	114417
2640	2093	1561	1561	52234	32756	28884	9464
11136	5385	10057	5385	228590	149383	179821	140935
18085	14876	8640	8227	558107	450140	303175	284392
13472	8564	71		339047	237350	227215	180500
				125912	110401	98137	89710

地区、学科及科研单位 Region, field and research institution	合 计 Total				
	总 额 （千元） Total value (thousand yuan)	100 千元以上 Above 100 (thousand yuan)	100 千元以上台（套）数 Over 100 thousand yuan (set)	其中：进口 （千元） Of which: Imported (thousand yuan)	100 千元以上 Above 100 (thousand yuan)
计算技术研究所 Inst. of Computing Technology	254876	140695	302	56441	54435
软件研究所 Inst. of Software	132458	68102	193	9419	9419
信息工程研究所 Inst.of Information Engineering	18136	4635	20		
半导体研究所 Inst. of Semiconductors	612530	532544	807	435344	410030
微电子研究所 Inst. of Microelectronics	584420	537539	567	456487	447801
电子学研究所 Inst. of Electronics	491143	412937	959	274945	245411
自动化研究所 Inst. of Automation	136397	68363	160	47495	46100
光电研究院 Academy of Opto-Electronics	226840	180945	313	75027	69541
电工研究所 Inst. of Electrical Engineering	238476	182987	515	88599	73278
工程热物理研究所 Inst. of Engineering Thermophysics	194173	156087	299	51733	45770
空间科学与应用研究中心 Center for Space Science and Applied Research	287661	157761	454	129051	98804
空间应用工程与技术中心 Technology and Engineering Center for Space Utilization	9397	2312	10	702	702
对地观测与数字地球科学中心 Center for Earth Observation and Digital Earth	366999	254862	203	163265	158469
自然科学史研究所 Inst. of History of Natural Sciences	15945	3548	6	3409	3409
科技政策与管理科学研究所 Inst. of Policy and Management	14297	1821	8		
北京综合研究中心 Beijing Advanced Sciences and Innovation Centre	707				
天津工业生物技术研究所 Tianjin Inst. of Industrial Biotechnology	40055	24202	71	23188	21511
山西煤炭化学研究所 Shanxi Inst. of Coal Chemistry	280136	196415	516	125366	110165

其中: 20 世纪 90 年代制造 Of which: Made in the 1990s				其中: 2000 年及以后制造 Of which: Made after 2000			
总 额（千元） Total value (thousand yuan)	100 千元以上 Above 100 (thousand yuan)	其中: 进口（千元） Of which: Imported (thousand yuan)	100 千元以上 Above 100 (thousand yuan)	总 额（千元） Total value (thousand yuan)	100 千元以上 Above 100 (thousand yuan)	其中: 进口（千元） Of which: Imported (thousand yuan)	100 千元以上 Above 100 (thousand yuan)
3474	1895	1895	1895	251258	138662	54408	52402
95				132363	68102	9419	9419
				18136	4635		
69165	61958	52624	49801	538394	466557	379132	357179
52890	52417	50368	50225	520563	475197	395303	387650
15705	11642	11693	9769	472270	400484	261854	235018
301				136084	68363	47495	46100
58667	54475	2399	1119	168173	126470	72487	68422
4899	2601	3584	2411	233127	180245	84812	70726
7402	4409	2030	791	185706	151543	49524	44979
73948	67237	14007	11702	199547	87389	112031	86498
				9397	2312	702	702
37053	35562	32498	5058	329867	219300	128967	124410
314				15631	3548	3409	3409
				14297	1821		
				40055	24202	23188	21511
13934	10883	10846	10253	262401	183987	112015	98497

地区、学科及科研单位 Region，field and research institution	合 计 Total				
	总 额 （千元） Total value (thousand yuan)	100 千元以上 Above 100 (thousand yuan)	100 千元以上 台（套）数 Over 100 thousand yuan (set)	其中：进口 （千元） Of which: Imported (thousand yuan)	100 千元以上 Above 100 (thousand yuan)
辽宁省、山东省 Liaoning and Shandong Provinces	2606852	2071192	3925	1489065	1381892
大连化学物理研究所 Dalian Inst. of Chemical Physics	1090870	818340	1718	574575	535663
沈阳应用生态研究所 Shenyang Inst. of Applied Ecology	130234	78733	220	67800	54280
沈阳自动化研究所 Shenyang Inst. of Automation	189134	153814	302	105941	96231
金属研究所 Inst. of Metal Research	748573	675652	960	435493	428229
海洋研究所 Inst. of Oceanology	291067	235040	509	220397	189205
烟台海岸带研究所 Yantai Inst. of Coastal Zone Research	85172	52364	125	52044	45632
青岛生物能源与过程研究所 Qingdao Inst. of Bioenergy and Bioprocess Technology	71802	57249	91	32815	32652
吉林省 Jilin Province	1326274	1165325	2174	782192	689869
长春应用化学研究所 Changchun Inst. of Applied Chemistry	441210	369233	771	337124	282127
东北地理与农业生态研究所 Northeast Inst. of Geography and Agroecology	88561	64657	216	52445	28236
长春光学精密机械与物理研究所 Changchun Inst. of Optics，Fine Mechanics and Physics	796503	731435	1187	392623	379506
上海市、福建省、浙江省 Shanghai,Fujian Province, and Zhejiang Province	6852538	5334114	10363	3729970	3231705
上海应用物理研究所 Shanghai Inst. of Applied Physics	1312046	1077002	1689	443315	415529
上海天文台 Shanghai Observatory	141493	116381	275	60856	53873
上海硅酸盐研究所 Shanghai Inst. of Ceramics	547730	481875	849	340983	328244
上海有机化学研究所 Shanghai Inst. of Organic Chemistry	373924	298434	619	278197	246406

其中: 20 世纪 90 年代制造 Of which: Made in the 1990s				其中: 2000 年及以后制造 Of which: Made after 2000			
总 额（千元）Total value (thousand yuan)	100 千元以上 Above 100 (thousand yuan)	其中: 进口（千元）Of which: Imported (thousand yuan)	100 千元以上 Above 100 (thousand yuan)	总 额（千元）Total value (thousand yuan)	100 千元以上 Above 100 (thousand yuan)	其中: 进口（千元）Of which: Imported (thousand yuan)	100 千元以上 Above 100 (thousand yuan)
122867	99786	87264	71738	2455078	1947897	1378704	1291649
39375	32583	27246	25394	1048126	782968	544093	507480
8406	6697	7377	487	121547	72036	60347	53793
4534	2688	2686	1376	183022	149665	102011	93709
49909	43845	32796	31651	677149	616129	388244	383973
20643	13973	17159	12830	268260	217486	199150	174410
				85172	52364	52044	45632
				71802	57249	32815	32652
59546	46262	37564	36025	1239244	1097661	723340	634534
26553	24285	23606	23558	406437	337567	305410	251275
9325	4768	1824	1824	75231	57333	50070	25861
23668	17209	12134	10643	757576	702761	367860	357398
331326	260642	161828	149112	6438861	5023487	3526445	3062638
9465	5714	4765	4342	1296328	1066594	433555	406630
5574	4555	1804	1170	114277	85547	58347	52230
33382	30722	29871	29571	505475	443806	305785	293955
24730	22554	23113	21547	343498	275141	255059	224854

地区、学科及科研单位 Region, field and research institution	合 计 Total				
	总 额 (千元) Total value (thousand yuan)	100 千元以上 Above 100 (thousand yuan)	100 千元以上台(套)数 Over 100 thousand yuan (set)	其中:进口 (千元) Of which: Imported (thousand yuan)	100 千元以上 Above 100 (thousand yuan)
上海药物研究所 Shanghai Inst. of Materia Medica	403719	321962	581	339741	298125
上海生命科学研究院 Shanghai Institutes for Biological Sciences	1500665	924136	2432	685958	451581
上海微系统与信息技术研究所 Shanghai Inst. of Microsystem and Information Technology	702568	618365	1018	479558	460052
上海光学精密机械研究所 Shanghai Inst. of Optics and Fine Mechanics	516451	408525	809	351126	309865
上海技术物理研究所 Shanghai Inst. of Technical Physics	732279	620914	1135	456061	407080
福建物质结构研究所 Fujian Inst. of Research on the Structure of Matter	254754	187077	396	133901	106817
宁波材料技术与工程研究所 Ningbo Inst. of Material Technology and Engineering	260412	217345	444	106565	102310
城市环境研究所 Inst. of Urban Environment	106497	62098	116	53709	51823
江苏省 Jiangsu Province	936058	759050	1654	585016	527147
紫金山天文台 Purple Mountain Observatory	281170	232718	505	108001	99705
南京地理与湖泊研究所 Nanjing Inst. of Geography and Limnology	121680	84010	288	83344	69603
南京地质古生物研究所 Nanjing Inst. of Geology and Palaeontology	52298	48390	82	47818	41553
南京土壤研究所 Nanjing Inst. of Soil Science	126684	94401	240	86839	78327
苏州纳米技术与纳米仿生研究所 Suzhou Inst. of Nano-Tech and Nano-Bionics	241421	206600	378	166176	154417
苏州生物医学工程技术研究所 Suzhou Inst. of Biomedical Engineering and Technology	112805	92931	161	92838	83542
安徽省 Anhui Province	1048640	869702	1314	357920	324741
合肥物质科学研究院 Hefei Institutes of Physical Sciences	1048640	869702	1314	357920	324741
湖北省 Hubei Province	691853	559274	1070	501784	409099

续表 6-6

其中: 20 世纪 90 年代制造 Of which: Made in the 1990s				其中: 2000 年及以后制造 Of which: Made after 2000			
总　额（千元）Total value (thousand yuan)	100 千元以上 Above 100 (thousand yuan)	其中: 进口（千元）Of which: Imported (thousand yuan)	100 千元以上 Above 100 (thousand yuan)	总　额（千元）Total value (thousand yuan)	100 千元以上 Above 100 (thousand yuan)	其中: 进口（千元）Of which: Imported (thousand yuan)	100 千元以上 Above 100 (thousand yuan)
5875	5407	5515	5407	394286	312997	330668	289160
138779	92710	8832	5592	1361680	831426	677126	445989
31449	29376	25790	24684	669921	587813	452570	434192
20984	16388	15723	14155	492459	390413	333344	294110
49500	43795	38812	35664	677760	573920	413772	368757
11588	9421	7603	6980	216268	176387	105945	98628
				260412	217345	106565	102310
				106497	62098	53709	51823
21580	15601	13390	11117	907439	738658	566086	512704
7512	4952	3138	2957	269796	224240	101485	93422
5391	4012	4889	4012	115721	79998	77931	65591
4804	3600	4541	3599	46221	44790	41639	37954
3873	3037	822	549	121475	90099	86017	77778
				241421	206600	166176	154417
				112805	92931	92838	83542
107416	102741	24926	23742	925447	753627	331173	299415
107416	102741	24926	23742	925447	753627	331173	299415
29642	20917	20712	19355	640236	512152	475838	385322

地区、学科及科研单位 Region, field and research institution	合　计 Total				
	总　额 （千元） Total value (thousand yuan)	100 千元以上 Above 100 (thousand yuan)	100 千元以上 台（套）数 Over 100 thousand yuan (set)	其中：进口 （千元） Of which: Imported (thousand yuan)	100 千元以上 Above 100 (thousand yuan)
武汉物理与数学研究所 Wuhan Inst. of Physics and Mathematics	270338	266931	380	215757	191085
武汉岩土力学研究所 Wuhan Inst. of Rock and Soil Mechanics	60079	37729	94	29451	28023
测量与地球物理研究所 Inst. of Geodesy and Geophysics	27136	14473	39	11226	10015
武汉植物园 Wuhan Botanical Garden	45846	38764	69	20442	7172
水生生物研究所 Inst. of Hydrobiology	160519	120691	311	122726	98321
武汉病毒研究所 Wuhan Inst. of Virology	127935	80686	177	102182	74483
广东省、湖南省 Guangdong and Hunan Provinces	1017830	795700	1562	647764	561201
广州地球化学研究所 Guangzhou Inst. of Geochemistry	208398	177279	270	174243	165366
南海海洋研究所 South China Sea Inst. of Oceanology	187791	165716	320	131158	112748
华南植物园 South China Botanical Garden	65267	35850	92	45310	28604
广州生物医药与健康研究院 Guangzhou Institutes of Biomedicine and Health	147153	99987	239	117436	92181
广州能源研究所 Guangzhou Inst. of Energy Conversion	94925	67899	139	26489	25033
亚热带农业生态研究所 Inst. of Subtropical Agriculture	44540	32539	88	30115	26406
深圳先进技术研究院 Shenzhen Institutes of Advanced Technology	269756	216430	414	123013	110863
四川省、重庆市 Sichuan Province and Chongqing	784499	628575	1050	489297	449567
成都山地灾害与环境研究所 Chengdu Inst. of Mountain Hazards and Environment	94411	34533	119	36101	29208
成都生物研究所 Chengdu Inst. of Biology	91545	53317	137	58172	45897
光电技术研究所 Inst. of Optics and Electronics	511633	465315	614	350024	338462
重庆绿色智能技术研究院 Chongqing Inst. of Green and Intelligent Technology	86910	75410	180	45000	36000

续表 6-6

其中: 20 世纪 90 年代制造 Of which: Made in the 1990s				其中: 2000 年及以后制造 Of which: Made after 2000			
总 额（千元）Total value (thousand yuan)	100 千元以上 Above 100 (thousand yuan)	其中: 进口（千元）Of which: Imported (thousand yuan)	100 千元以上 Above 100 (thousand yuan)	总 额（千元）Total value (thousand yuan)	100 千元以上 Above 100 (thousand yuan)	其中: 进口（千元）Of which: Imported (thousand yuan)	100 千元以上 Above 100 (thousand yuan)
14604	13815	13484	13198	240852	230801	201525	177239
8451	1880	2374	1695	49911	34444	25697	24948
3784	3458	2767	2698	18454	8621	5602	4923
390	221	239	221	45302	38453	20203	6951
				160519	120691	122726	98321
2413	1543	1848	1543	125198	79142	100085	72940
28784	26328	25943	24837	949839	730575	612915	527458
12523	11949	12260	11829	191608	161272	157925	149479
8535	8535	8330	8330	145012	122937	117980	99570
4121	3338	3735	3095	61146	32512	41575	25509
				146489	99492	117436	92181
2595	1769	1618	1583	92311	66130	24871	23450
1010	737			43517	31802	30115	26406
				269756	216430	123013	110863
32649	24716	21743	19152	694490	601249	464269	428565
3105	3053	2227	2226	41839	31480	33866	26982
6138	2625	3944	2625	84684	50692	53983	43272
23406	19038	15572	14301	481057	443667	331420	322311
				86910	75410	45000	36000

地区、学科及科研单位 Region，field and research institution	合　计 Total				
	总　额 （千元） Total value (thousand yuan)	100 千元以上 Above 100 (thousand yuan)	100 千元以上台（套）数 Over 100 thousand yuan (set)	其中：进口 （千元） Of which: Imported (thousand yuan)	100 千元以上 Above 100 (thousand yuan)
云南省、贵州省 Yunnan and Guizhou Provinces	619756	450035	771	315337	262064
地球化学研究所 Inst. of Geochemistry	122486	104941	152	102319	96544
昆明植物研究所 Kunming Inst. of Botany	216152	153536	260	10859	8069
西双版纳热带植物园 Xishuangbanna Tropical Botanical Garden	101747	64988	139	55299	43433
昆明动物研究所 Kunming Inst. of Zoology	179371	126570	220	146860	114018
陕西省 Shaanxi Province	694940	553891	789	315795	280420
地球环境研究所 Inst. of Earth Environment	91301	83026	129	80314	74757
西安光学精密机械研究所 Xi’an Inst. of Optics and Precision Mechanics	346331	255957	278	111608	96917
国家授时中心 National Time Service Center	257308	214908	382	123873	108746
甘肃省、青海省 Gansu and Qinghai Provinces	1692339	1240422	2914	619688	525338
近代物理研究所 Inst. of Modern Physics	927250	691186	1590	311036	239407
兰州化学物理研究所 Lanzhou Inst. of Chemical Physics	291703	233628	485	186041	170148
寒区旱区环境与工程研究所 Cold and Arid Regions Environmental and Engineering Research Inst.	358670	236505	649	48639	48369
青海盐湖研究所 Qinghai Inst. of Saline Lakes	56258	38357	72	33143	32332
西北高原生物研究所 Northwest Inst. of Plateau Biology	58458	40746	118	40829	35082
新疆维吾尔自治区 Xinjiang Uygur Autonomous Region	254770	184446	411	142337	129125
新疆理化技术研究所 Xinjiang Technical Inst. of Physics and Chemistry	110180	90609	167	75960	70643
新疆生态与地理研究所 Xinjiang Inst. of Ecology and Geography	144590	93837	244	66377	58482

续表 6-6

其中: 20 世纪 90 年代制造 Of which: Made in the 1990s				其中: 2000 年及以后制造 Of which: Made after 2000			
总 额（千元）Total value (thousand yuan)	100 千元以上 Above 100 (thousand yuan)	其中: 进口（千元）Of which: Imported (thousand yuan)	100 千元以上 Above 100 (thousand yuan)	总 额（千元）Total value (thousand yuan)	100 千元以上 Above 100 (thousand yuan)	其中: 进口（千元）Of which: Imported (thousand yuan)	100 千元以上 Above 100 (thousand yuan)
30127	23683	21099	18573	588231	426229	293506	243368
10786	10288	10049	9886	111700	94653	92269	86658
10047	6212	2396	1779	204708	147201	7732	6167
1948	1809	1534	1534	99799	63179	53765	41899
7346	5374	7120	5374	172024	121196	139740	108644
73411	25332	22064	20413	602322	512840	289428	257158
4640	4371	4576	4371	86661	78655	75738	70386
59729	14762	13636	12504	284334	239554	96458	83678
9042	6199	3852	3538	231327	194631	117232	103094
85605	65639	41707	33544	1560354	1137607	570019	485739
40964	27115	11139	4096	851054	631658	296797	233465
20466	18326	16749	16625	268760	214372	167870	152713
19728	17070	11489	10600	337741	218795	36964	36964
3078	2199	1294	1294	46499	32966	29256	28445
1369	929	1036	929	56300	39816	39132	34152
7862	5526	4953	4369	243242	176377	134183	122213
3220	2541	2783	2426	105203	87069	71520	67218
4642	2985	2170	1943	138039	89308	62663	54995

6-7 科研机构研究与试验发展人员全时当量

Full-time Equivalent of R&D Personnel in Research Institutions

单位：人·年　　　　(man · year)

年　份 Year	研究与试验发展人员全时当量 Total full-time equivalent of R&D personnel (A)	基础研究 Basic research	应用研究 Applied research	试验发展 Experimental development	其中: 科学家和工程师 Among which: Scientists and engineers (B)	比　重 % of total (B/A)
1996	30677	10890	16259	3528	25455	83
1997	30181	10956	16237	2988	25085	83.1
1998	30611	11295	16591	2725	26585	86.8
1999	28436	10408	15810	2218	24771	87.1
2000	28084	11262	14940	1882	24666	87.8
2001	25199	10584	13154	1461	22541	89.5
2002	27646	11114	15205	1327	23413	84.7
2003	30937	12529	16892	1516	25903	83.7
2004	34898	14521	18901	1476	29457	84.4
2005	37246	15494	20076	1676	31014	83.3
2006	38911	17061	19283	2567	31589	81.2
2007	44307	14653	25205	4449	37026	83.6
2008	45358	15713	25235	4410	37416	82.5
2009	51230	18224	29378	3628		
2010	56015	20203	31829	3983		
2011	61859	23325	33917	4617		
2012	67767	26893	36258	4616		

注：R&D 人员折合全时工作量=R&D 课题人员折合全时工作量+管理 R&D 课题的科技管理人员和为 R&D 课题提供直接服务的科技服务人员的折合全时工作量。

Note: The full-time equivalent of R&D personnel is equivalent to the full-time equivalent of R&D project personnel plus that of management and service personnel directly for the R&D projects.

6-8 科研机构研究与试验发展经费支出

Research Institution R&D Expenditure

单位: 亿元 (100 million yuan)

年份 Year	研究与试验发展经费支出 Total R&D expenditure	基础研究 Basic research	比重% of total	应用研究 Applied research	比重% of total	试验发展 Experimental development	比重% of total	占全国R&D经费支出% Percentage of national R&D expenditure
1996	21.9	6.88	31.4	11.11	50.7	3.91	17.9	5.4
1997	24.73	7.62	30.8	13.52	54.7	3.59	14.5	4.9
1998	27.33	8.66	31.7	14.84	54.3	3.83	14	5
1999	31.24	10.62	34	16.81	53.8	3.81	12.2	4.6
2000	40.28	14.82	36.8	21.7	53.9	3.76	9.3	4.5
2001	53.6	21.35	39.8	28.05	52.3	4.2	7.9	5.1
2002	78.08	29.2	37.4	43.33	55.5	5.55	7.1	6.1
2003	82.84	29.99	36.2	46.86	56.6	5.99	7.2	5.4
2004	93.2	33.53	36	53.39	57.3	6.28	6.7	4.7
2005	106.57	36.55	34.3	62.24	58.4	7.78	7.3	4.4
2006	109.87	40.98	37.3	58.12	52.9	10.77	9.8	3.7
2007	125.25	41.42	33.1	71.25	56.9	12.58	10	3.4
2008	153.53	53.27	34.7	85.42	55.6	14.93	9.7	3.3
2009	199.98	71.14	35.6	114.68	57.3	14.16	7.1	3.7
2010	223.61	80.65	36.1	127.06	56.8	15.9	7.1	3.2
2011	273.08	102.97	37.7	149.73	54.8	20.38	7.5	3.2
2012	320.3	127.11	39.7	171.38	53.5	21.82	6.8	3.1

注：研究与试验发展经费支出包括用于R&D活动的科研基建费。
Note: The total R&D expenditure includes the capital construction of scientific research for R&D activities.

6-9 科研机构科技活动课题基本情况

Basic Statistics of S&T Projects in CAS Research Institutions

年 份 Year	课题数 Projects	课题经费支出（千元） Expenditure by project (thousand yuan)	课题参加人员全时当量（人·年） Full-time equivalent of project participants (man·year)	
				科学家和工程师 Scientists & engineers
1985	6220	298448	30650	23756
1986	6217	256235	30337	23144
1987	7091	334353	29125	22989
1988	7579	406347	29565	24477
1989	8287	478258	31015	26115
1990	8476	500561	30283	26780
1991	8051	472828	25463	22063
1992	9503	665757	24769	22342
1993	9922	818096	26405	24010
1994	9996	1129106	25374	23149
1995	10139	1169028	23382	21774
1996	9359	1144557	22742	21341
1997	10011	1475554	24437	22945
1998	10738	1626599	24665	23173
1999	10346	1967568	23206	21989
2000	10745	2622420	23202	21832
2001	10370	3084858	22009	20737

续表 6-9

年 份 Year	课题数 Projects	课题经费支出（千元） Expenditure by project (thousand yuan)	课题参加人员全时当量（人·年） Full-time equivalent of project participants (man · year)	
				科学家和工程师 Scientists & engineers
2002	10997	3958123	26454	23989
2003	11491	4358637	27101	24709
2004	12026	4968575	30408	28297
2005	12712	5526474	33360	30711
2006	14400	5778352	34753	32247
2007	17699	7473185	40283	38765
2008	19908	9148493	41027	39178
2009	23180	11576790	45694	
2010	25421	14214655	49403	
2011	28724	16997083	54098	
2012	32270	20686633	59645	

注：1. 课题数包括基础研究、应用研究、试验发展、研究与试验发展成果应用、科技服务和生产性活动课题。

Note: The figures include projects in basic research, applied research, experimental development, application of research and experimental development results, scientific and technical services and productive activities.

2. 课题参加人员全时当量包括参与全部课题的本单位人员及流动人员。

The full-time equivalent of project participants includes those who are from the institute as well as the staff on mobility for the project.

6-10 科研机构科技活动课题综合情况（2012年）

Statistics of S&T Projects in CAS Research Institutions: 2012

地区及学科 Region and field	课题数 Projects		课题经费支出（千元） Expenditure by project (thousand yuan)	课题参加人员全时当量（人·年） Full-time equivalent of project participants (man · year)	
		当年开题 Number of projects started		本单位人员 Institution staff	流动人员 Staff on mobility
总 计 Total	**32270**	**11042**	**20686633**	**33603**	**26042**
一、按地区、分院分 By region and branch					
北京分院（筹） Beijing Branch	13037	4607	8831272	13042	12085
沈阳分院 Shenyang Branch	2378	808	1434478	2610	1784
长春分院 Changchun Branch	1098	303	1218054	2335	1049
上海分院 Shanghai Branch	5318	1858	3634115	5696	3609
南京分院 Nanjing Branch	1538	477	694720	1107	793
合肥地区 Hefei Area	523	194	775881	1359	975
武汉分院 Wuhan Branch	1511	488	567566	1071	1390
广州分院 Guangzhou Branch	2325	685	883660	1674	1143
成都分院 Chengdu Branch	770	366	663292	1099	578

续表 6-10

地区及学科 Region and field	课题数 Projects		课题经费支出（千元） Expenditure by project (thousand yuan)	课题参加人员全时当量（人·年） Full-time equivalent of project participants (man · year)	
		当年开题 Number of projects started		本单位人员 Institution staff	流动人员 Staff on mobility
昆明分院 Kunming Branch	1260	383	437241	761	863
西安分院 Xi'an Branch	535	204	475597	693	295
兰州分院 Lanzhou Branch	1447	474	833805	1629	1096
新疆分院 Xinjiang Branch	530	195	236952	529	383
二、按学科分 By field					
数学、物理 Mathematics & physics	5766	1897	4259019	7004	4784
化学与化工 Chemistry & chemical engineering	4752	1566	2956097	4802	4355
地学 Earth sciences	6696	2366	2558743	4572	4237
生物学 Biological sciences	7375	2388	3608043	5948	6142
技术科学 Technological sciences	7462	2694	7233477	11078	6332
其他 Others	219	131	71254	199	192

注：流动人员指参与课题研究的在学研究生、在站博士后、客座人员及外聘人员等。

Note: The staff on mobility refers to the post graduates, post doctorate researchers, visiting scholars and invited staff who are participating in project research.

6-11 科研机构科技活动

Total S&T Projects in CAS Research

地区及学科 Region and field	基础研究课题 Basic research				
	课题数 Projects	课题经费支出（千元） Expenditure by project (thousand yuan)	课题参加人员全时当量（人·年） Full-time equivalent of project participants (man · year)		课题数 Projects
			本单位人员 Institution staff	流动人员 Staff on mobility	
总　计 Total	**14561**	**7295988**	**12126**	**12250**	**15194**
一、按地区、分院分 By region and branch					
北京分院（筹） Beijing Branch	5765	3466600	4998	5708	6531
沈阳分院 Shenyang Branch	499	241023	458	426	1752
长春分院 Changchun Branch	260	138674	361	370	612
上海分院 Shanghai Branch	2911	1014099	2018	1622	1813
南京分院 Nanjing Branch	519	200489	355	249	947
合肥地区 Hefei Area	209	412634	595	423	279
武汉分院 Wuhan Branch	933	334412	649	1034	518
广州分院 Guangzhou Branch	1004	367992	730	611	1047
成都分院 Chengdu Branch	265	117124	198	268	347
昆明分院 Kunming Branch	967	333222	570	662	233
西安分院 Xi'an Branch	201	109558	172	130	314
兰州分院 Lanzhou Branch	882	486714	911	653	463
新疆分院 Xinjiang Branch	146	73447	110	96	338

课题按活动类型分类（2012 年）
Institutions, by Type of Research: 2012

应用研究课题 Applied research			试验发展课题 Experimental development			
课题经费支出（千元）Expenditure by project (thousand yuan)	课题参加人员全时当量（人·年）Full-time equivalent of project participants (man · year)		课题数 Projects	课题经费支出（千元）Expenditure by project (thousand yuan)	课题参加人员全时当量（人·年）Full-time equivalent of project participants (man · year)	
	本单位人员 Institution staff	流动人员 Staff on mobility			本单位人员 Institution staff	流动人员 Staff on mobility
10914815	**17603**	**12019**	**1359**	**1404984**	**2285**	**1066**
4766214	7234	5841	282	315377	359	279
980527	1949	1261	22	84839	47	29
574960	1078	429	211	496453	859	242
2191933	2978	1585	464	197138	454	300
453115	695	501	50	20103	31	34
339464	680	510	9	10847	24	5
195548	344	335	26	7524	20	10
317808	664	402	133	84128	130	52
354187	540	240	70	127047	226	22
90419	149	181	11	1232	5	5
305880	388	142	3	347	6	1
218183	572	352	45	30814	72	53
126577	332	241	33	29135	53	34

地区及学科 Region and field	基础研究课题 Basic research				
	课题数 Projects	课题经费支出（千元）Expenditure by project (thousand yuan)	课题参加人员全时当量（人·年）Full-time equivalent of project participants (man · year)		课题数 Projects
			本单位人员 Institution staff	流动人员 Staff on mobility	
二、按学科分 By field					
数学、物理 Mathematics & physics	3020	2066576	3349	2524	2378
化学与化工 Chemistry & chemical engineering	1513	863301	1435	1756	2872
地学 Earth sciences	4062	1563997	2822	2812	2421
生物学 Biological sciences	4812	2197652	3418	4084	2345
技术科学 Technological sciences	1099	578404	1030	1009	5014
其他 Others	55	26058	72	66	164

地区及学科 Region and field	研究与试验发展成果应用课题 Application of R&D results				
	课题数 Projects	课题经费支出（千元）Expenditure by project (thousand yuan)	课题参加人员全时当量（人·年）Full-time equivalent of project participants (man · year)		课题数 Projects
			本单位人员 Institution staff	流动人员 Staff on mobility	
总　计 Total	**486**	**482066**	**664**	**319**	**616**
一、按地区、分院分 By region and branch					
北京分院（筹）Beijing Branch	202	105742	170	125	230
沈阳分院 Shenyang Branch	95	121472	149	51	7
长春分院 Changchun Branch	2	200	2	0	13
上海分院 Shanghai Branch	36	83870	126	52	87
南京分院 Nanjing Branch	4	919	1	1	18

续表 6-11

应用研究课题 Applied research			试验发展课题 Experimental development			
课题经费支出（千元）Expenditure by project (thousand yuan)	课题参加人员全时当量（人·年）Full-time equivalent of project participants (man · year)		课题数 Projects	课题经费支出（千元）Expenditure by project (thousand yuan)	课题参加人员全时当量（人·年）Full-time equivalent of project participants (man · year)	
	本单位人员 Institution staff	流动人员 Staff on mobility			本单位人员 Institution staff	流动人员 Staff on mobility
1815017	3049	1994	184	115843	201	109
1822428	2988	2317	143	100244	147	136
868223	1543	1306	107	50690	89	42
1309663	2354	1961	73	48252	80	29
5054288	7543	4314	852	1089955	1769	751
45196	126	126				

科技服务课题 S&T services			生产性活动课题 Production activities			
课题经费支出（千元）Expenditure by project (thousand yuan)	课题参加人员全时当量（人·年）Full-time equivalent of project participants (man · year)		课题数 Projects	课题经费支出（千元）Expenditure by project (thousand yuan)	课题参加人员全时当量（人·年）Full-time equivalent of project participants (man · year)	
	本单位人员 Institution staff	流动人员 Staff on mobility			本单位人员 Institution staff	流动人员 Staff on mobility
344095	**791**	**351**	**54**	**244685**	**134**	**37**
90910	218	126	27	86429	63	7
4416	6	3	3	2201	2	14
7767	34	7				
38869	73	42	7	108206	46	9
20094	25	8				

地区及学科 Region and field	研究与试验发展成果应用课题 Application of R&D results				
	课题数 Projects	课题经费支出（千元） Expenditure by project (thousand yuan)	课题参加人员全时当量（人·年） Full-time equivalent of project participants (man·year)		课题数 Projects
			本单位人员 Institution staff	流动人员 Staff on mobility	
合肥地区 Hefei Area	2	291	2	1	24
武汉分院 Wuhan Branch	8	4509	4	2	23
广州分院 Guangzhou Branch	20	7738	13	7	117
成都分院 Chengdu Branch	60	59129	111	22	28
昆明分院 Kunming Branch	8	1926	4	2	38
西安分院 Xi'an Branch	3	2263	4	18	13
兰州分院 Lanzhou Branch	41	88355	52	30	10
新疆分院 Xinjiang Branch	5	5652	25	7	8
二、按学科分 By field					
数学、物理 Mathematics & physics	57	102048	98	67	102
化学与化工 Chemistry & chemical engineering	109	110852	123	69	107
地学 Earth sciences	7	831	7	3	98
生物学 Biological sciences	69	25648	35	31	70
技术科学 Technological sciences	244	242687	402	149	239
其他 Others					

续表 6-11

科技服务课题 S&T services			生产性活动课题 Production activities			
课题经费支出（千元）Expenditure by project (thousand yuan)	课题参加人员全时当量（人·年）Full-time equivalent of project participants (man·year)		课题数 Projects	课题经费支出（千元）Expenditure by project (thousand yuan)	课题参加人员全时当量（人·年）Full-time equivalent of project participants (man·year)	
	本单位人员 Institution staff	流动人员 Staff on mobility			本单位人员 Institution staff	流动人员 Staff on mobility
12645	57	37				
24783	50	8	3	790	4	
105953	135	71	4	41	2	1
5805	24	26				
7482	30	11	3	2960	4	2
20896	122	3	1	36653	0	1
2334	8	3	6	7405	13	4
2141	10	5				
76039	271	83	25	83496	36	6
54149	103	62	8	5123	8	15
73612	111	74	1	1390	0	1
24574	58	35	6	2254	4	2
115721	248	97	14	152422	86	12

6-12 科研机构科技活动课题

Total S&T Projects in CAS Research

地区及学科 Region and field	国家 State				
	课题数 Projects	课题经费支出（千元） Expenditure by project (thousand yuan)	课题参加人员全时当量（人·年） Full-time equivalent of project participants (man·year)		课题数 Projects
			本单位人员 Institution staff	流动人员 Staff on mobility	
总计 **Total**	**15943**	**10912014**	**16983**	**14952**	**5877**
一、按地区、分院分 By region and branch					
北京分院（筹） Beijing Branch	7132	5109486	7333	7658	2345
沈阳分院 Shenyang Branch	1388	740272	1417	1097	368
长春分院 Changchun Branch	607	839901	1474	590	198
上海分院 Shanghai Branch	2415	1756158	2425	1900	862
南京分院 Nanjing Branch	679	265843	448	408	335
合肥地区 Hefei Area	304	370559	651	535	138
武汉分院 Wuhan Branch	659	268118	473	750	213
广州分院 Guangzhou Branch	944	345273	695	593	303
成都分院 Chengdu Branch	331	435206	559	237	145
昆明分院 Kunming Branch	470	126852	315	427	318
西安分院 Xi'an Branch	284	300624	383	133	111
兰州分院 Lanzhou Branch	560	286597	652	506	360
新疆分院 Xinjiang Branch	170	67125	161	120	181

按主要任务来源分类（2012 年）
Institutions, by Source of Project: 2012

中国科学院 CAS			地 方 Locality			
课题经费支出（千元）Expenditure by project (thousand yuan)	课题参加人员全时当量（人·年）Full-time equivalent of project participants (man · year)		课题数 Projects	课题经费支出（千元）Expenditure by project (thousand yuan)	课题参加人员全时当量（人·年）Full-time equivalent of project participants (man · year)	
	本单位人员 Institution staff	流动人员 Staff on mobility			本单位人员 Institution staff	流动人员 Staff on mobility
4895519	**7217**	**4787**	**3384**	**813439**	**2527**	**1723**
2150489	2702	2252	507	147767	355	318
225684	493	249	169	28933	134	87
178394	369	261	172	33942	181	89
983929	1399	457	870	172194	671	374
197842	243	138	225	62437	152	109
257196	533	288	26	4600	41	25
94783	185	205	282	44148	150	140
170727	240	127	570	176794	400	223
104039	154	146	105	49123	130	91
108571	194	210	206	36782	97	102
72339	102	52	19	4911	11	6
261043	444	278	123	18017	94	71
90483	160	123	110	33791	111	89

地区及学科 Region and field	国 家 State				
	课题数 Projects	课题经费支出（千元） Expenditure by project (thousand yuan)	课题参加人员全时当量（人·年） Full-time equivalent of project participants (man · year)		课题数 Projects
			本单位人员 Institution staff	流动人员 Staff on mobility	
二、按学科分 By field					
数学、物理 Mathematics & physics	3002	1774830	3267	2629	1295
化学与化工 Chemistry & chemical engineering	2298	1285213	2232	2310	779
地学 Earth sciences	3267	1301645	2372	2520	1211
生物学 Biological sciences	3559	1719349	2802	3569	1371
技术科学 Technological sciences	3748	4814765	6261	3880	1152
其他 Others	69	16212	50	44	69

地区及学科 Region and field	企业委托 Entrusted by enterprises				
	课题数 Projects	课题经费支出（千元） Expenditure by project (thousand yuan)	课题参加人员全时当量（人·年） Full-time equivalent of project participants (man · year)		课题数 Projects
			本单位人员 Institution staff	流动人员 Staff on mobility	
总 计 Total	**3029**	**1643772**	**2792**	**1719**	**2737**
一、按地区、分院分 By region and branch					
北京分院（筹） Beijing Branch	1561	597723	1240	852	981
沈阳分院 Shenyang Branch	291	377049	414	220	72
长春分院 Changchun Branch	26	19859	44	21	82
上海分院 Shanghai Branch	344	145646	335	153	605
南京分院 Nanjing Branch	86	30057	59	44	174

续表 6-12

中国科学院 CAS			地 方 Locality			
课题经费支出（千元）Expenditure by project (thousand yuan)	课题参加人员全时当量（人・年）Full-time equivalent of project participants (man・year)		课题数 Projects	课题经费支出（千元）Expenditure by project (thousand yuan)	课题参加人员全时当量（人・年）Full-time equivalent of project participants (man・year)	
	本单位人员 Institution staff	流动人员 Staff on mobility			本单位人员 Institution staff	流动人员 Staff on mobility
1600018	2227	1102	388	74838	284	218
652266	879	836	473	133205	434	164
614567	861	728	741	145526	396	341
969545	1347	1203	884	168187	590	490
1033176	1839	850	856	281143	795	477
25947	64	68	42	10540	29	33

研究所自选 Institute self-selection			国际合作 International cooperation			
课题经费支出（千元）Expenditure by project (thousand yuan)	课题参加人员全时当量（人・年）Full-time equivalent of project participants (man・year)		课题数 Projects	课题经费支出（千元）Expenditure by project (thousand yuan)	课题参加人员全时当量（人・年）Full-time equivalent of project participants (man・year)	
	本单位人员 Institution staff	流动人员 Staff on mobility			本单位人员 Institution staff	流动人员 Staff on mobility
1682558	**2982**	**2114**	**488**	**296220**	**420**	**388**
620586	1051	725	169	82502	99	122
23531	74	37	49	36218	64	90
138311	245	80	10	7375	20	8
488091	729	655	113	62373	94	43
120875	173	80	17	11083	10	9

地区及学科 Region and field	企业委托 Entrusted by enterprises				
	课题数 Projects	课题经费支出（千元） Expenditure by project (thousand yuan)	课题参加人员全时当量（人·年） Full-time equivalent of project participants (man·year)		课题数 Projects
			本单位人员 Institution staff	流动人员 Staff on mobility	
合肥地区 Hefei Area	23	46885	49	60	24
武汉分院 Wuhan Branch	153	107004	130	78	131
广州分院 Guangzhou Branch	221	112454	145	101	242
成都分院 Chengdu Branch	109	54230	154	59	67
昆明分院 Kunming Branch	76	19407	39	32	110
西安分院 Xi'an Branch	14	6121	18	5	42
兰州分院 Lanzhou Branch	109	122731	146	81	171
新疆分院 Xinjiang Branch	16	4606	21	13	36
二、按学科分 By field					
数学、物理 Mathematics & physics	382	349837	378	260	463
化学与化工 Chemistry & chemical engineering	687	385539	608	424	338
地学 Earth sciences	365	123118	179	160	719
生物学 Biological sciences	522	149032	385	270	746
技术科学 Technological sciences	1061	632772	1235	598	456
其他 Others	12	3474	8	7	15

研究所自选 Institute self-selection			国际合作 International cooperation			
课题经费支出（千元）Expenditure by project (thousand yuan)	课题参加人员全时当量（人·年）Full-time equivalent of project participants (man · year)		课题数 Projects	课题经费支出（千元）Expenditure by project (thousand yuan)	课题参加人员全时当量（人·年）Full-time equivalent of project participants (man · year)	
	本单位人员 Institution staff	流动人员 Staff on mobility			本单位人员 Institution staff	流动人员 Staff on mobility
63026	72	35	5	33175	11	31
35036	90	153	28	11906	23	26
58802	167	87	26	13516	14	8
15872	85	32	8	3029	10	9
25614	64	62	38	10767	26	20
39893	65	61				
37830	127	88	12	4873	13	7
15091	38	20	13	19403	35	15
316865	633	407	34	48937	30	46
418794	491	489	76	47347	79	96
196841	500	364	96	45386	81	42
366238	573	422	204	93481	147	129
371916	743	399	70	58083	80	71
11904	42	34	8	2986	4	5

6-13 科研机构科技活动课题按技术领域分类（2012 年）

Total S&T Projects in CAS Research Institutions, by Field of Technology: 2012

技术领域 Field of technology	课题数 Projects	课题经费支出（千元） Expenditure by project (thousand yuan)	课题参加人员全时当量（人·年） Full-time equivalent of project participants (man · year)	
			本单位人员 Institution staff	流动人员 Staff on mobility
合　计 Total	**25572**	**17178829**	**27671**	**20257**
信息技术 Information technology	4340	3567938	5997	3671
生物和现代农业技术 Biotechnology & modern agricultural technology	5751	2480656	4458	4103
新材料技术 New materials technology	3328	2133888	3466	2671
能源技术 Energy technology	1582	1411914	2272	1437
激光技术 Laser technology	466	689941	835	430
先进制造与自动化技术 Advanced manufacturing & automation technology	791	915334	1379	643
航天技术 Space technology	599	1205946	1309	567
资源与环境技术 Resources & environmental technology	6047	2702266	4519	4707
其他技术领域 Other technologies	2668	2070946	3436	2028

6-14 科研机构科技著作

S&T Works Published by CAS Research Institutions

年 份 Year	科技专著 S&T works		译成外文 Those translated into foreign languages		用作大专院校教科书 Those used as text books for universities and colleges		科普著作 Popular science books	
	万字 Ten thousand Chinese characters	种 Title	万字 Ten thousand Chinese characters	种 Title	万字 Ten thousand Chinese characters	种 Title	万字 Ten thousand Chinese characters	种 Title
1985	4323		288		293		601	
1986	4529		413		410		474	
1987	5625	195	717	21	945	33	587	37
1988	8191	455	667	38	854	36	818	35
1989	7798	297	356	18	432	22	984	37
1990	11477	345	285	20	769	27	931	47
1991	9221	319	625	19	900	23	1105	41
1992	8316	245	463	18	383	11	357	12
1993	9792	292	1294	38	125	6	405	16
1994	13978	334	1398	29	248	9	1005	42
1995	11922	337	741	23	241	8	518	25
1996	11044	297	1430	36	109	5	481	24
1997	9541	296	621	19	179	5	990	36
1998	12712	347	804	25	539	14	861	36
1999	14474	371	1866	32	337	12	1114	55
2000	17327	429	1304	42	172	10	2979	103
2001	14650	348	648	31	418	17	2628	97
2002	15319	534	1289	37	1046	20	1102	83
2003	13467	401	1143	31	1303	21	1321	55
2004	15486	330	854	31	607	12	1622	68
2005	12228	330	884	35	414	15	800	60
2006	12178	323	758	24	508	13	1339	40
2007	10723	273	988	30	445	9	926	43
2008	12848	330	866	45	243	5	1001	48
2009	12887	329	1032	50	874	55	1343	48
2010	14248	288	810	35	155	3	419	20
2011	14862	358	931	56	293	5	614	31
2012	15749	356	747	65	62	6	1107	22

6-15 科研机构科技著作（2012 年）
S&T Works Published by CAS Research Institutions: 2012

地区及学科 Region and field	科技专著 S&T works		译成外文 Those translated into foreign languages		用作大专院校教科书 Those used as text books for universities and colleges		科普著作 Popular science books	
	万字 Ten thousand Chinese characters	种 Title	万字 Ten thousand Chinese characters	种 Title	万字 Ten thousand Chinese characters	种 Title	万字 Ten thousand Chinese characters	种 Title
总　计 Total	**15749**	**356**	**747**	**65**	**62**	**6**	**1107**	**22**
一、按地区、分院分 By region and branch								
北京分院（筹） Beijing Branch	9486	161	393	27	39	1	901	10
沈阳分院 Shenyang Branch	973	20	3	1				
长春分院 Changchun Branch	297	12	20	2			42	2
上海分院 Shanghai Branch	849	42	60	16	16	1	120	5
南京分院 Nanjing Branch	921	22	90	2			5	1
合肥地区 Hefei Area	80	2						
武汉分院 Wuhan Branch	458	16	1	3				
广州分院 Guangzhou Branch	687	25	30	3				
成都分院 Chengdu Branch	272	8	8	3				

地区及学科 Region and field	科技专著 S&T works		译成外文 Those translated into foreign languages		用作大专院校教科书 Those used as text books for universities and colleges		科普著作 Popular science books	
	万字 Ten thousand Chinese characters	种 Title	万字 Ten thousand Chinese characters	种 Title	万字 Ten thousand Chinese characters	种 Title	万字 Ten thousand Chinese characters	种 Title
昆明分院 Kunming Branch	216	10	1	1	3	1		
西安分院 Xi'an Branch							21	1
兰州分院 Lanzhou Branch	1201	31	141	7	4	3	8	2
新疆分院 Xinjiang Branch	309	7					10	1
二、按学科分 By field								
数学、物理 Mathematics & physics	1856	59	455	18	4	3	57	5
化学与化工 Chemistry & chemical engineering	1335	59	67	19			154	6
地学 Earth sciences	3517	92	18	3			35	3
生物学 Biological sciences	2541	65	64	12	58	3	44	2
技术科学 Technological sciences	1512	61	143	13				
其他 Others	4988	20					817	6

6-16 学校及公共支撑机构科技活动课题综合情况（2012 年）

Statistics of S&T Projects in Universities and CAS Supporting Institutions: 2012

单 位 Unit	课题数合计 Total projects	当年开题 Number of projects started	课题经费支出（千元） Expenditure by project (thousand yuan)	课题参加人员全时当量（人·年） Full-time equivalent of project participants (man·year)	
				本单位人员 Institution staff	流动人员 Staff on mobility
总 计 Total	**3056**	**1227**	**759275**	**2697**	**4438**
中国科学技术大学 University of Science and Technology of China	2167	854	507046	1814	4316
中国科学院大学 University of CAS	567	220	70156	238	44
计算机网络信息中心 Computer Network Information Center	117	59	150286	426	65

续表 6-16

单 位 Unit	课题数合计 Total projects	当年开题 Number of projects started	课题经费支出（千元） Expenditure by project (thousand yuan)	课题参加人员全时当量（人·年） Full-time equivalent of project participants (man · year)	
				本单位人员 Institution staff	流动人员 Staff on mobility
国家科学图书馆（筹） National Science Library	74	41	16853	105	6
国家科学图书馆武汉分馆（筹） The Wuhan Branch of the National Science Library	33	12	3783	25	
国家科学图书馆成都分馆（筹） The Chengdu Branch of the National Science Library	37	13	4753	36	7
国家科学图书馆兰州分馆（筹） The Lanzhou Branch of the National Science Library	61	28	6398	53	

6-17 国家重点实验室

Basic Statistics of Staff in the

单位：人

国家重点实验室名称 Names of the state key laboratories	固定研究人员 Permanent researchers	高 级 Senior
总 计 **Total**	**7543**	**4881**
数学、物理 Mathematics & physics		
中国科学技术大学合肥微尺度物质科学国家实验室（筹） Hefei National Laboratory For Physical Sciences At the Microscale, University of Science and Technology of China	209	157
中国科学院物理研究所北京凝聚态物理国家实验室（筹） Beijing National Laboratory For Condensed Matter Physics, Institute of Physics, CAS	448	270
中国科学院武汉物理与数学研究所波谱与原子分子物理国家重点实验室 State Key Laboratory of Magnetic Resonance and Atomic and Molecular Physics and Mathematics, Wuhan Institute of Physics, CAS	71	65
中国科学院声学研究所声场与声信息国家重点实验室 State Key Laboratory of Acoustics, Speech and Signal Processing, Institute of Acoustics, CAS	77	68
中国科学院力学研究所非线性力学国家重点实验室 State Key Laboratory of Nonlinear Mechanics, Institute of Mechanics, CAS	52	35
中国科学院数学与系统科学研究院科学与工程计算国家重点实验室 State Key Laboratory of Scientific and Engineering Computing, Academy of Mathmatics and System Science, CAS	42	28
中国科学院半导体研究所半导体超晶格国家重点实验室 State Key Laboratory of Superlattices and Microstructures, Institute of Semiconductors, CAS	29	28
中国科学院上海光学精密机械研究所强场激光物理国家重点实验室 State Key Laboratory of High Field Laser Physics, Shanghai Institute of Optics and Fine Mechanics, CAS	59	36
中国科学院理论物理研究所理论物理国家重点实验室（筹） State Key Laboratory of Theoretical Physics, Institute of Theoretical Physics, CAS	45	36
中国科学院高能物理研究所、中国科学技术大学核探测与核电子学国家重点实验室（筹） State Key Laboratory of Particle Detection and Electronics, Institute of High Energy Physics, CAS and University of Science and Technology of China	123	88
中国科学院力学研究所高温气体动力学国家重点实验室（筹） State Key Laboratory of High Temperature Gas Dynamics, Institute of Mechanics, CAS	90	57

人员情况（2012 年）
State Key Laboratories: 2012

(person)

客座研究人员 Guest researchers			人才培养 Talent training		
	国 外 Overseas	国内高级 Senior	博士后 Postdoctors	博 士 Candidates for doctor's degree	硕 士 Candidates for master's degree
3668	**826**	**1673**	**1220**	**8259**	**6957**
39	21	18	32	202	275
15	2	13	37	434	269
111	8	83	24	136	112
33	1	25	12	53	70
8	4	4	3	45	62
30	7	8	2	63	39
13	3	2	6	76	39
36	3	26	5	41	20
710	287	238	11	82	42
23			10	130	101
24	14	10	3	23	51

国家重点实验室名称 Names of the state key laboratories	固定研究人员 Permanent researchers	高 级 Senior
化　学 Chemistry		
中国科学院化学研究所北京分子科学国家实验室（筹） Beijing National Laboratory For Molecular Sciences,Institute of Chemistry, CAS	290	260
中国科学院大连化学物理研究所催化基础国家重点实验室 State Key Laboratory of Catalysis, Dalian Institute of Chemical Physics, CAS	93	77
中国科学院大连化学物理研究所、化学研究所分子反应动力学国家重点实验室 State Key Laboratory of Molecular Reaction Dynamics, Dalian Institute of Chemical Physics and Institute of Chemistry, CAS	65	40
中国科学院上海有机化学研究所生命有机化学国家重点实验室 State Key Laboratory of Bio - Organic and Natural Products Chemistry, Shanghai Institute of Organic Chemistry, CAS	66	31
中国科学院福建物质结构研究所结构化学国家重点实验室 State Key Laboratory of Structural Chemistry, Fujian Institute of Research on the Structure of Matter, CAS	59	57
中国科学院兰州化学物理研究所羰基合成和选择氧化国家重点实验室 State Key Laboratory of Oxo Synthesis and Selective Oxidation, Lanzhou Institute of Chemical Physics, CAS	63	41
中国科学院山西煤炭化学研究所煤转化国家重点实验室 State Key Laboratory of Coal Conversion, Shanxi Institute of Coal Chemistry, CAS	63	55
中国科学院化学研究所、长春应用化学研究所高分子物理与化学国家重点实验室 State Key Laboratory of Polymer Physics and Chemistry, Institute of Chemistry and Changchun Institute of Applied Chemistry, CAS	56	52
中国科学院上海有机化学研究所金属有机化学国家重点实验室 State Key Laboratory of Organometallic Chemistry, Shanghai Institute of Organic Chemistry, CAS	79	38
中国科学院长春应用化学研究所电分析化学国家重点实验室 State Key Laboratory of Electroanalytical Chemistry, Changchun Institute of Applied Chemistry, CAS	55	44
中国科学院长春应用化学研究所稀土资源利用国家重点实验室 State Key Laboratory of Rare Earth Resource Utilization,Changchun Institute of Applied Chemistry, CAS	56	35
中国科学院过程工程研究所多相复杂系统国家重点实验室 State Key Laboratory of Multiphase Complex Systems, Institute of Process Engineering, CAS	81	66
资源、环境 Resources & environment		
中国科学院大气物理研究所大气科学及地球流体力学数值模拟国家重点实验室 State Key Laboratory of Numerical Modeling for Atmospheric Sciences and Geophysical Fluid Dynamics, Institute of Atmospheric Physics, CAS	81	50

客座研究人员 Guest researchers			人才培养 Talent training		
	国 外 Overseas	国内高级 Senior	博士后 Postdoctors	博 士 Candidates for doctor's degree	硕 士 Candidates for master's degree
105	7	92	64	524	213
8	4	7	14	48	40
9	4	4	11	53	50
40	2		11	47	34
54		52	9	108	126
22		20		42	44
72	1	34	2	124	98
17	1	16	19	151	111
25		25	3	72	34
33	13	20	37	137	62
38	6	21	34	82	57
26	8	16	9	93	90
21	5	12	6	97	66

国家重点实验室名称 Names of the state key laboratories	固定研究人员 Permanent researchers	
		高 级 Senior
中国科学院广州地球化学研究所有机地球化学国家重点实验室 State Key Laboratory of Organic Geochemistry, Guangzhou Institute of Geochemistry, CAS	67	54
中国科学院地理科学与资源研究所资源与环境信息系统国家重点实验室 State Key Laboratory of Resources and Environmental Information System, Institute of Geographic Sciences and Natural Resources Research, CAS	108	58
中国科学院寒区旱区环境与工程研究所冻土工程国家重点实验室 State Key Laboratory of Frozen Soil Engineering, Cold and Arid Regions Environmental and Engineering Research Institute, CAS	56	31
中国科学院地球环境研究所黄土与第四纪地质国家重点实验室 State Key Laboratory of Loess and Quaternary Geology, Institute of Earth Environment, CAS	52	50
中国科学院大气物理研究所大气边界层物理和大气化学国家重点实验室 State Key Laboratory of Atmospheric Boundary Layer Physics and Atmospheric Chemistry, Institute of Atmospheric Physics, CAS	75	38
环境模拟与污染控制国家重点实验室（清华大学、中国科学院生态环境研究中心、北京大学等） State Key Laboratory of Environmental Aquatic Chemistry (Tsinghua University, Research Center for Eco-Environmental Sciences, CAS, and Peking University)	39	15
中国科学院地球化学研究所环境地球化学国家重点实验室 State Key Laboratory of Environmental Geochemistry, Institute of Geochemistry, CAS	89	61
黄土高原土壤侵蚀与旱地农业国家重点实验室（水土保持与生态环境研究中心） State Key Laboratory of Soil Erosion and Dryland Farming on Loess Plateau (Inst. of Soil and Water Conservation and Eco-Environmental Sciences)	70	54
中国科学院南京地质古生物研究所现代古生物学和地层学国家重点实验室 State Key Laboratory of Palaeobiology and Stratigraphy, Nanjing Institute of Geology and Palaeontology, CAS	44	38
遥感科学国家重点实验室（中国科学院遥感应用研究所、北京师范大学） State Key Laboratory of Remote Sensing Science (Institute of Remote Sensing Applications, CAS and Beijing Normal University)	75	58
中国科学院南京土壤研究所土壤与农业可持续发展国家重点实验室 State Key Laboratory of Soil and Sustainable Agriculture,Institute of Soil Science, CAS	77	58
中国科学院地质与地球物理研究所岩石圈演化国家重点实验室 State Key Laboratory of Lithospheric Evolution,Institute of Geology and Geophysics, CAS	47	46
中国科学院生态环境研究中心环境化学与生态毒理学国家重点实验室 State Key Laboratory of Environmental Chemistry and Ecotoxicology,Research Center for Eco-Environmental Sciences, CAS	70	48
中国科学院空间科学与应用研究中心空间天气国家重点实验室 State Key Laboratory of Space Weather,Center for Space Science and Applied Research, CAS	64	42

续表 6-17

客座研究人员 Guest researchers	国 外 Overseas	国内高级 Senior	人才培养 Talent training 博士后 Postdoctors	博 士 Candidates for doctor's degree	硕 士 Candidates for master's degree
36	4	15	26	107	85
47	1	6	28	80	64
149	5	57	16	55	42
60	20	50	11	48	51
5	2	2	8	49	47
			11	47	27
20	3	17	4	51	55
63	20	30	6	99	186
246	96	117	14	25	24
59	6	28	29	165	179
86	2	56	13	86	85
12	11	10	32	86	45
36	1	1	16	94	50
10	2	10	6	32	27

国家重点实验室名称 Names of the state key laboratories	固定研究人员 Permanent researchers	高 级 Senior
中国科学院地球化学研究所矿床地球化学国家重点实验室 State Key Laboratory of Ore Deposit Geochemistry, Institute of Geochemistry, CAS	82	47
中国科学院南京地理与湖泊研究所湖泊与环境国家重点实验室 State Key Laboratory of Lake Science and Environments, Nanjing Institute of Geography and Limnology, CAS	66	59
中国科学院寒区旱区环境与工程研究所冰冻圈科学国家重点实验室 State Key Laboratory of Cryospheric Sciences, Cold and Arid Regions Environment and Engineering Research Institute, CAS	89	44
中国科学院生态环境研究中心城市与区域生态国家重点实验室 State Key Laboratory of Urban and Regional Ecology, Research Center for Eco-Environmental Sciences,CAS	78	45
中国科学院植物研究所植被与环境变化国家重点实验室 State Key Laboratory of Vegetation and Environmental Change, Institute of Botany, CAS	156	61
中国科学院广州地球化学研究所同位素地球化学国家重点实验室（筹） State Key Laboratory of Isotope Geochemistry, Guangzhou Institute of Geochemistry, CAS	54	44
中国科学院测量与地球物理研究所大地测量与地球动力学国家重点实验室（筹） State Key Laboratory of Geodesy and Earth's Dynamics, Institute of Geodesy and Geophysics, CAS	73	57
中国科学院新疆生态与地理研究所荒漠与绿洲生态国家重点实验室（筹） State Key Laboratory of Desert and Oasis Ecology, Xinjiang Institute of Ecology and Geography, CAS	71	58
中国科学院南海海洋研究所热带海洋环境国家重点实验室（筹） State Key Laboratory of Tropical Oceanography, South China Sea Institute of Oceanology, CAS	66	57
中国科学院沈阳应用生态研究所森林与土壤生态国家重点实验室（筹） State Key Laboratory of Forest and Soil Ecology, Institute of Applied Ecology, CAS	96	69
生物学 Biological sciences		
中国科学院动物研究所农业虫害鼠害综合治理国家重点实验室 State Key Laboratory of Integrated Management of Pest Insects and Rodents, Institute of Zoology, CAS	55	49
中国科学院生物物理研究所生物大分子国家重点实验室 State Key Laboratory of Biomacromolecules, Institute of Biophysics, CAS	131	59
中国科学院上海生命科学研究院分子生物学国家重点实验室 State Key Laboratory of Molecular Biology, Shanghai Institutes for Biological Sciences, CAS	104	41

续表 6-17

客座研究人员 Guest researchers			人才培养 Talent training		
	国 外 Overseas	国内高级 Senior	博士后 Postdoctors	博 士 Candidates for doctor's degree	硕 士 Candidates for master's degree
30	6	19	16	49	54
22	6	11	15	81	75
38	14	24	8	41	14
45	4	8	24	122	63
12	11	1	22	69	82
3	3		6	26	48
25	11	14	1	12	18
15	14	1	21	92	119
8	7	1	5	55	45
153	7	13	12	90	106
13	1	3	25	52	47
2	2		18	99	114
19	1		21	117	64

国家重点实验室名称 Names of the state key laboratories	固定研究人员 Permanent researchers	高 级 Senior
中国科学院上海生命科学研究院植物分子遗传国家重点实验室 State Key Laboratory of Plant Molecular Genetics, Shanghai Institutes for Biological Sciences, CAS	130	42
中国科学院水生生物研究所淡水生态与生物技术国家重点实验室 State Key Laboratory of Freshwater Ecology and Biotechnology, Institute of Hydrobiology, CAS	36	34
生物膜与膜生物工程国家重点实验室（中国科学院动物研究所、清华大学、北京大学） State Key Laboratory of Biomembranes and Membrane Biotechnology (Institute of Zoology, CAS, Tsinghua University and Peking University)	44	23
中国科学院动物研究所计划生育生殖生物学国家重点实验室 State Key Laboratory of Reproductive Biology, Institute of Zoology, CAS	67	28
中国科学院微生物研究所微生物资源前期开发国家重点实验室 State Key Laboratory of Microbial Resources, Institute of Microbiology, CAS	67	36
中国科学院上海药物研究所新药研究国家重点实验室 State Key Laboratory of Drug Research, Shanghai Institute of Materia Media, CAS	74	66
中国科学院遗传与发育生物研究所植物细胞与染色体工程国家重点实验室 State Key Laboratory of Plant Cell and Chromosome Engineering, Institute of Genetics and Developmental Biology, CAS	72	29
中国科学院过程工程研究所生化工程国家重点实验室 State Key Laboratory of Biochemical Engineering, Institute of Process Engineering, CAS	64	51
中国科学院昆明植物研究所植物化学与西部植物资源持续利用国家重点实验室 State Key Laboratory of Phytochemistry and Plant Resources in west China, Kunming Institute of Botany, CAS	77	54
中国科学院遗传与发育生物学研究所、微生物研究所植物基因组学国家重点实验室 State Key Laboratory of Plant Genomics, Institute of Genetics and Development Biology and Institute of Microbiology, CAS	124	54
中国科学院植物研究所系统进化植物学国家重点实验室 State Key Laboratory of Systematic and Evolutionary Botany, Institute of Botany, CAS	93	50
中国科学院生物物理研究所脑与认知科学国家重点实验室 State Key Laboratory of Brain and Cognitive Science, Institute of Biophysics, CAS	86	50
病毒学国家重点实验室（武汉大学、中国科学院武汉病毒研究所） State Key Laboratory of Virology (Wuhan University and Wuhan Institute of Virology, CAS)	58	54
中国科学院上海生命科学研究院神经科学国家重点实验室 State Key Laboratory of Neuroscience, Shanghai Institutes for Biological Sciences, CAS	103	25

客座研究人员 Guest researchers			人才培养 Talent training		
	国 外 Overseas	国内高级 Senior	博士后 Postdoctors	博 士 Candidates for doctor's degree	硕 士 Candidates for master's degree
17	5	9	22	90	78
24		8	33	134	119
			22	64	33
19		18	31	99	41
22		18	12	74	42
15		13	20	140	143
19		5	19	103	16
57	9	43	3	62	96
26	2	8	2	24	27
49		4	53	170	30
35	4	2	5	68	53
18	9	7	7	62	71
12	12		7	215	180
12		12	13	101	21

国家重点实验室名称 Names of the state key laboratories	固定研究人员 Permanent researchers	高 级 Senior
中国科学院昆明动物研究所遗传资源与进化国家重点实验室 State Key Labortatory of Genetic Resources and Evolution, Kunming Institute of Zoology, CAS	99	28
中国科学院上海生命科学研究院细胞生物学国家重点实验室（筹） State Key Laboratory of Cell Biology, Shanghai Institutes for Biological Sciences, CAS	101	38
中国科学院遗传与发育生物学研究所分子发育生物学国家重点实验室（筹） State Key Laboratory of Molecular Developmental Biology, Institute of Genetics and Developmental Biology, CAS	99	45
中国科学院微生物研究所真菌学国家重点实验室（筹） State Key Laboratory of Mycology, Institute of Microbiology, CAS	72	33
技术科学 Technological sciences		
中国科学院金属研究所沈阳材料科学国家（联合）实验室 Shenyang National Laboratory For Materials Science, Institute of Metals Research, CAS	204	130
中国科学院上海技术物理研究所红外物理国家重点实验室 State Key Laboratory of Infrared Physics, Shanghai Institute of Technical Physics, CAS	63	55
传感技术联合国家重点实验室（中国科学院上海微系统与信息技术研究所、电子学研究所等） State Key Laboratory of Transducer Technology (Shanghai Institute of Microsystem and Information Technology and Institute of Electronics, CAS)	98	81
中国科学院长春光学精密机械与物理研究所应用光学国家重点实验室 State Key Laboratory of Applied Optics, Changchun Institute of Optics，Fine Mechanics and Physics, CAS	130	68
中国科学院自动化研究所模式识别国家重点实验室 State Key Laboratory of Pattern Recognition, Institute of Automation, CAS	79	44
中国科学院软件研究所、研究生院信息安全国家重点实验室 State Key Laboratory of Information Security, Institute of Software, CAS and Graduate School of the Chinese Academy of Sciences	103	44
集成光电子学国家重点实验室（清华大学、吉林大学、中国科学院半导体研究所） State Key Laboratory of Integrated Photoelectronics (Tsinghua University, Jilin University and Institute of Semiconductors, CAS)	28	28
中国科学院西安光学精密机械研究所瞬态光学与光子技术国家重点实验室 State Key Laboratory of Transient Optics and Technology, Xi’an Institute of Optics and Precision Mechanics, CAS	56	51
中国科学院光电技术研究所微细加工光学技术国家重点实验室 State Key Laboratory of Optical Technologies on Microfabrication, Institute of Optics and Electronics, CAS	62	36

续表 6-17

客座研究人员 Guest researchers			人才培养 Talent training		
	国 外 Overseas	国内高级 Senior	博士后 Postdoctors	博 士 Candidates for doctor's degree	硕 士 Candidates for master's degree
13	3	4	6	56	69
2		2	25	75	132
24	4	5	27	124	35
54	3	3	8	61	44
34	29	5	10	181	173
31	10	20	9	65	16
26	6	14	6	107	164
4		4	2	85	97
25	10	16	10	158	77
104	8	61	12	80	103
17	1	12	7	86	81
47		16	9	50	72
22	4	16		54	90

国家重点实验室名称 Names of the state key laboratories	固定研究人员 Permanent researchers	高 级 Senior
中国科学院上海微系统与信息技术研究所信息功能材料国家重点实验室 State Key Laboratory of Functional Materials for Informatics, Shanghai Institute of Microsystem and Information Technology, CAS	115	56
中国科学技术大学火灾科学国家重点实验室 State Key Laboratory of Fire Science, University of Science and Technology of China	54	40
中国科学院兰州化学物理研究所固体润滑国家重点实验室 State Key Laboratory of Solid Lubrication, Lanzhou Institute of Chemical Physics, CAS	78	68
中国科学院上海硅酸盐研究所高性能陶瓷和超微结构国家重点实验室 State Key Laboratory of High Performance Ceramics and Superfine Microstructure, Shanghai Institute of Ceramics, CAS	65	53
中国科学院金属研究所金属腐蚀与防护国家重点实验室 State Key Laboratory of Metal Corrosion and Protection, Institute of Metals Research, CAS	72	58
中国科学院软件研究所计算机科学国家重点实验室 State Key Laboratory of Computer Science, Institute of Software, CAS	46	34
中国科学院沈阳自动化研究所机器人学国家重点实验室 State Key Laboratory of Robotics, Shenyang Institute of Automation, CAS	90	55
中国科学院武汉岩土力学研究所岩土力学与工程国家重点实验室 State Key Laboratory of Geomechanics and Geotechnical Engineering, Institute of Rock and Soil Mechanics, CAS	65	59
中国科学院自动化研究所复杂系统管理与控制国家重点实验室（筹） State Key Laboratory of Management and Control for Complex Systems, Institute of Automation, CAS	91	43
中国科学院计算技术研究所计算机体系结构国家重点实验室（筹） State Key Laboratory of Computer Architecture, Institute of Computing Technology, CAS	109	38
中国科学院长春光学精密机械与物理研究所发光学及应用国家重点实验室（筹） State Key Laboratory of Luminescence and Applications, Changchun Institute of Optics, Fine Mechanics and Physics, CAS	63	45

续表 6-17

客座研究人员 Guest researchers			人才培养 Talent training		
	国 外 Overseas	国内高级 Senior	博士后 Postdoctors	博 士 Candidates for doctor's degree	硕 士 Candidates for master's degree
25	11	7	5	56	72
7	5	2	10	113	265
45	3	36	7	71	102
31	3	28	3	92	65
6		6	3	88	60
12		6	6	93	80
16	16	16	9	88	57
			5	36	35
7	6	1	10	87	74
60	1	1		79	72
5	1	5	4	76	51

6-18 国家重点实验室

Basic Statistics of Research Projects Conducted by

单位：个

学 科 Field	合 计 Total	国家科技重大专项 National Science and Technology Major Project	科技支撑计划 Key Technology R&D Program	“863”课题 “863” projects	“973”课题 “973”projects
总 计 Total	**9316**	**235**	**146**	**266**	**809**
数学、物理 Mathematics & physics	1456	18	3	35	180
化学 Chemistry	1370	6	13	24	102
资源、环境 Resources & environment	2543	65	68	50	143
生物学 Biological sciences	2116	87	26	48	253
技术科学 Technological sciences	1831	59	36	109	131

6-19 国家重点实验室科研

Statistics of Research Project Funds

单位：千元

学 科 Field	合 计 Total	国家科技重大专项 National Science and Technology Major Project	科技支撑计划 Key Technology R&D Program	“863”课题 “863” projects	“973”课题 “973”projects
总 计 Total	**5242413**	**678528**	**108351**	**290974**	**839393**
数学、物理 Mathematics & physics	862863	62051	2785	37782	142952
化学 Chemistry	635577	8260	13268	21515	73492

课题情况（2012 年）

the State Key Laboratories: 2012

(unit)

国家基金重大项目 NSFC Major Program	国家基金重点项目 NSFC Key Program	部委课题 Projects at the ministerial level	学委会审批 Projects selected by academic committees	国际合作 International cooperative projects	其 他 Others
141	**322**	**1862**	**242**	**320**	**4973**
46	50	179	51	23	871
15	50	285	36	61	778
16	66	579	65	80	1411
36	100	441	67	88	970
28	56	378	23	68	943

课题经费投入情况（2012 年）

for the State Key Laboratories: 2012

(thousand yuan)

国家基金重大项目 NSFC Major Program	国家基金重点项目 NSFC Key Program	部委课题 Projects at the ministerial level	学委会审批 Projects selected by academic committees	国际合作 International cooperative projects	其 他 Others
111452	**144982**	**680235**	**604585**	**144320**	**1639593**
27824	20077	78161	138190	11802	341240
10304	16553	92639	92020	20413	287112

学 科 Field	合 计 Total	国家科技重大专项 National Science and Technology Major Project	科技支撑计划 Key Technology R&D Program	“863” 课题 “863” projects	“973” 课题 “973” projects
资源、环境 Resources & environment	1369127	176275	61916	60363	260434
生物学 Biological sciences	963619	136552	8713	35060	186880
技术科学 Technological sciences	1411227	295391	21669	136254	175635

6-20 国家重点实验室

Statistics of Research Results from

学 科 Field	获奖研究成果 Award-winning S&T Research results（项）(item)				
	国家级奖 National awards			院、 Academy and	
	特等 Special class	一等 1st class	二等 2nd class	特等 Special class	一等 1st class
总 计 Total		**1**	**19**		**26**
数学、物理 Mathematics & physics			4		1
化学 Chemistry			2		10
资源、环境 Resources & environment			3		9
生物学 Biological sciences			4		2
技术科学 Technological sciences		1	6		4

续表 6-19

国家基金重大项目 NSFC Major Program	国家基金重点项目 NSFC Key Program	部委课题 Projects at the ministerial level	学委会审批 Projects selected by academic committees	国际合作 International cooperative projects	其他 Others
44870	43802	167033	100749	56265	397420
15964	38188	133201	130241	32329	246490
12490	26362	209201	143385	23510	367331

科技成果情况（2012 年）
the State Key Laboratories: 2012

部委奖 ministerial awards	论文 Thesis（篇）(No. of articles)		专著 Monographs（种）(title)		授权专利 Patents granted（发明）(Invention)（项）(item)
二等 2nd class	国内发表 Published domestically	国际发表 Published internationally	中文 Chinese language	外文 Foreign language	
15	**2374**	**8080**	**75**	**44**	**1590**
1	178	1408	2	5	170
6	211	1972	3	17	348
4	1135	1465	43	5	145
2	244	1163	13	6	269
2	606	2072	14	11	658

6-21 工程中心总体情况

General Statistics of Engineering Research Centers

项 目 Items	2007 年	2008 年	2009 年	2010 年	2011 年	2012 年
一、经济情况 Economic status						
收入总额（万元） Total income (ten thousand yuan)	212817	242102	257897	299521	466658	604570
技术性收入（万元） Technology income (ten thousand yuan)	18051	12770	21556	24326	49592	38545
生产性收入（万元） Production income (ten thousand yuan)	104111	128375	151237	180722	267212	313625
其他（万元） Others (ten thousand yuan)	90654	100957	85105	94473	149850	2622
利税总额（万元） Total profit and tax (ten thousand yuan)	30560	21004	32691	43686	56473	57540
资产总额（万元） Total assets (ten thousand yuan)	334498	315739	381210	462749	510773	705248
固定资产（万元） Fixed assets (ten thousand yuan)	90046	89428	101340	138566	212447	305007
二、基本建设 Capital construction						
计划总投资（万元） Total investment (ten thousand yuan)	149523	123939	115193	142292	215754	248571
已完成总投资（万元） Completed invested (ten thousand yuan)	121812	103286	104583	138195	203670	63479
国家拨款（万元） State allocation (ten thousand yuan)	27380	38286	41974	30550	56754	72476
贷款（万元） Loan (ten thousand yuan)	14173	13120	9182	13532	17262	15812
自筹（万元） Self-raised fund (ten thousand yuan)	73294	57597	62703	70115	117395	141703

续表 6-21

项　目　Items	2007 年	2008 年	2009 年	2010 年	2011 年	2012 年
其他（万元）Others (ten thousand yuan)	6966	29321	12173	12883	24344	18579
已完成的基建规模 Completed capital construction						
投资（万元）Investment (ten thousand yuan)	42426	43728	50497	67284	92443	107591
面积（平方米）Floor space (m^2)	271528	275193	329607	372980	407180	394232
三、科技成果 S&T research results						
获奖总数（项）Total awards (item)	33	64	74	41	68	107
国家级奖 National awards	8	10	13	6	8	10
省部级奖 Provincial & ministry awards	22	54	60	35	48	70
其他 Others	3		1		12	27
专利申请量（件）Patents applied (item)	598	498	590	1003	1542	1666
专利授权（件）Patents granted (item)	203	256	273	355	660	885
四、技术转移 Technology transfer						
技术服务、咨询（项）Technical service and consultation (item)	1151	1681	1731	1806	2165	2931
技术培训（人次）Technical training (person·time)	11435	10247	10735	9580	15011	18438
受让企业新增产值（万元）Enterprise's newly increased value of output (ten thousand yuan)	594504	669474	320850	578579	1240575	1413770

6-22 工程中心

Statistics of Various Kinds of Staff

工程中心名称 Names of engineering research center	合 计 Total	专业技术人员 Professional technical staff	高 级 Senior	中 级 Middle level
总 计 Total	**6452**	**6452**	**1710**	**1934**
工程塑料国家工程研究中心 National Engineering Center for Engineering Plastics	202	202	56	59
基础软件国家工程研究中心 National Engineering Research Center of Fundamental Software	259	259	28	186
信息安全共性技术国家工程研究中心 National Engineering Research Center for Information Security	65	65		4
光电子器件国家工程研究中心 National Engineering Research Center for Optoelectronic Devices	331	331	75	63
光盘及其应用国家工程研究中心 National Engineering Research Center for Optical Disks and Applications				
高性能均质合金国家工程研究中心 National Engineering Center for High Performance Homogenized Alloys	160	160	51	22
机器人技术国家工程研究中心 National Engineering Research Center for Robot	1215	1215	102	168
高档数控国家工程研究中心 National Engineering Center for Hi-End Computer Numerical Control	257	257	58	122
膜技术国家工程研究中心 Dalian Membrane Center of Engineering R&D	102	102	18	37
精细石油化工中间体国家工程研究中心 National Engineering for Fine Petrochemical Intermediates	168	168	102	59
手性药物国家工程研究中心 National Engineering Research Center for Chiral Drugs	114	114	19	46
燃料电池及氢源技术国家工程研究中心 National Engineering Research Center of Fuel Cells and Hydrogen Technology	107	107	19	36
国家生化工程技术研究中心 National Engineering Research Center for Biotechnology	80	80	34	19
国家遥感应用工程技术研究中心 National Engineering Research Center for Geoinformatics	85	85	39	39

各类人员情况（2012 年）

at Engineering Research Centers: 2012

学位 Degrees		学历 Education experience			按工作性质分 By working sectors					
博士 Ph.D	硕士 MS	研究生 Post graduate	大学 Graduate	其他 Others	管理人员 Adminis-trative staff	研究开发人员 R&D Staff	质量监督人员 Quality supervision staff	市场营销人员 Market staff	生产人员 Produc-tion staff	其他 Others
1321	**1672**	**2964**	**2137**	**1351**	**433**	**4157**	**202**	**314**	**836**	**510**
63	26	87	60	55	32	100	7	21	41	1
41	89	130	111	18	26	187	12	8		26
5	8	13	50	2	13	14	4	14		20
83	51	133	37	161	22	163	4	6	134	2
35	70	105	31	24	5	51	9	3	19	73
18	316	335	536	344	42	834	9	41	189	100
12	63	71	157	29	18	141	3	13	14	68
1	9	10	55	37	15	15	4	31	35	2
42	43	83	51	34	7	129	4	3	21	4
11	14	25	58	31	7	39	12	4	41	11
11	18	29	32	46	12	55	3	6	28	3
48	10	58	20	2	3	46	5	2	24	
47	25	72	11	2	6	79				

工程中心名称 Names of engineering research center	合 计 Total	专业技术人员 Professional technical staff	高 级 Senior	中 级 Middle level
国家并行计算机工程技术研究中心 National Research Center of Parallel Computer Engineering & Technology	181	181	44	76
国家高性能计算机工程技术研究中心 National Engineering Research Center for High Performance Computer	238	238	37	179
国家专用集成电路设计工程技术研究中心 National Engineering Research Center for ASIC Design	42	42	15	26
中国岩土工程研究中心 Chinese Research Center of Geotechnical Engineering	36	36	12	15
国家卫星定位系统工程技术研究中心 National Center of GNSS Engineering Technology	17	17	14	3
国家淡水渔业工程技术研究中心 National Engineering Research Center for Freshwater Fisheries	50	50	34	11
国家金属腐蚀控制工程技术研究中心 National Engineering Research Center for Corrosion Control	108	108	43	18
国家真空仪器装置工程技术研究中心 National Engineering Research Center of Vacuum Instruments	310	310	64	78
国家催化工程技术研究中心 National Engineering Research Center for Catalysis	446	446	154	110
国家节水灌溉工程技术研究中心 National Engineering Research Center for Water-Saving irrigation	38	38	28	4
国家天然药物工程技术研究中心 National Engineering and Technology Center for Natural Medicines	100	100	44	39
国家光电子晶体材料工程技术研究中心 National Engineering Research Center for Optoelectronic Crystalline Materials	74	74	35	32
国家网络新媒体工程技术研究中心 National Engineering Research Center for Network New Media Technology	61	61	38	17
国家荒漠-绿洲生态建设工程技术研究中心 National Engineering Technology Research Center for Desert-Oasis Ecological Construction	70	70	45	18
国家环境光学监测仪器工程技术研究中心 National Engineering Research Center of Environmnental Optic Monitoring Instruments	78	78	20	36
国家光栅制造与应用工程技术研究中心 National Engineering Research Center for Diffraction Gratings Manufacturing and Application	13	13	1	2
中国科学院计算机语言信息工程研究中心 CAS Engineering Research Center for Computer & Language Information	13	13	4	3

续表 6-22

学位 Degrees		学历 Education experience			按工作性质分 By working sectors					
博士 Ph.D	硕士 MS	研究生 Post graduate	大学 Graduate	其他 Others	管理人员 Adminis-trative staff	研究开发人员 R&D Staff	质量监督人员 Quality supervision staff	市场营销人员 Market staff	生产人员 Produc-tion staff	其他 Others
17	72	89	76	16	5	149	2	8	17	
24	173	197	41		12	142	5	27	52	
29	7	36	6		1	40	1			
4	20	13	19	4	2	21	2	5	4	2
9	3	12	3	2	2	14	1			
34	2	36	12	2	5	36	2	2	5	
12	17	29	48	31	12	57	8	14	15	2
1	21	22	116	172	10	114	12	31	64	79
61	110	171	129	146	35	305	42	25	39	
26	3	29	3	6	4	28				6
52	34	86	8	6	3	92			5	
27	23	50	24		6	57	2	5	4	
29	4	33	20	8	4	57				
47	14	61	6	3	3	55	10		2	
13	16	29	31	18	4	48	5	2	19	
	1	1	10	2	6	5	2			
6	5	11	1	1	1	12				

工程中心名称 Names of engineering research center	合 计 Total	专业技术人员 Professional technical staff		
			高 级 Senior	中 级 Middle level
中国科学院放射性药物联合研究开发中心 CAS Engineering Research Center for Radiopharmaceuticals	78	78	24	14
中国科学院有机合成工程研究中心 CAS Engineering Research Center of Organic Synthesis	32	32	5	18
中国科学院精密铜管工程技术研究中心 CAS Engineering Research Cengter for Precised Copper Pipes	19	19	8	6
中国科学院北方液晶工程研究开发中心 North Liquid Crystal Engineering R&D Center	50	50	24	22
中国科学院皮革化工材料工程研究中心 CAS Engineering Research Center for Leather Chemical Materials	87	87	35	16
中国科学院热安全工程研究中心 CAS Engineering Research Center for Thermal Safety	54	54	19	31
甲醇制烯烃国家工程实验室 National Engineering Laboratory for Methanol To Olefins	98	98	45	23
中药标准化技术国家工程实验室 National Engineering Laboratory for TCM Standardization Technology	135	135	33	44
工业酶国家工程实验室 National Engineering Laboratory for Industrial Enzymes	185	185	63	46
煤炭间接液化国家工程实验室 National Engineering Laboratory for Indirect Coal Liquefaction	85	85	42	31
湿法冶金清洁生产技术国家工程实验室 National Engineering Laboratory for Cleaner Production Technology of Hydrometallurgy	160	160	40	55
遥感卫星应用国家工程实验室 National Engineering Laboratory for Satellite Remote Sensing Applications	60	60	33	27
信息内容安全技术国家工程实验室 National Engineering Laboratory for Information content security	94	94	32	25
真空技术装备国家工程实验室 National Engineering Laboratory for Vacuum Technological Equipment	16	16	12	1
碳纤维制备技术国家工程实验室 National Engineering Laboratory for Carbon Fiber Preparation	206	206	41	31
土壤养分管理国家工程实验室 National Engineering Laboratory for Soil Nutrients Management	73	73	21	17

续表 6-22

学 位 Degrees		学 历 Education experience			按工作性质分 By working sectors					
博 士 Ph.D	硕 士 MS	研究生 Post graduate	大 学 Graduate	其 他 Others	管理人员 Adminis-trative staff	研究开发人员 R&D Staff	质量监督人员 Quality supervision staff	市场营销人员 Market staff	生产人员 Produc-tion staff	其 他 Others
25	24	49	20	9	8	70				
4	5	9	18	5	3	29				
3	4	7	9	3	4	7		4	4	
18	16	35	13	2	6	32	4	5		3
30	16	46	37	4	5	82				
21	27	46	6	2	4	50				
59	31	90	4	4	4	94				
30	42	72	22	41	8	86				41
84	67	151	17	17	19	159				7
43	37	71	14		6	70	2	3	4	
85	69	154	6		7	150	3			
13	16	29	26	5	6	43	3	2	6	
21	27	48	33	13	3	84	2	1	4	
13	1	14		2	1	13	1		1	
26	13	39	135	32	18	78	17	28	45	20
38	10	48	15	10	8	25				40

主要统计指标解释

人　　员

1. 从事科技活动人员

指职工总数中的科技管理人员、课题活动人员和科技服务人员。

科技管理人员　指院、所领导及业务、人事管理人员，包括直接从事科技计划管理、课题管理、成果管理、专利管理、科技统计、科技档案管理、科技外事工作、人事管理、教育培训、财务等活动的人员。

课题活动人员　指编制在研究室或课题组的人员。

科技服务人员　指从事图书、情报、测试、试验、咨询、物资器材供应等工作的人员以及实验室、试验工厂（车间）、试验农场的人员。不包括司机、门卫、食堂人员、医务人员、清洁工以及幼儿园、托儿所工作人员等。

2. 科学家和工程师

指具有大学毕业及以上学历的或具有高、中级技术职称（务）的人员。

3. 其他科技人员

指具有大、中专毕业学历或具有初级技术职称（务）的人员。

4. 从事生产、经营活动人员

指主要从事定型产品的批量生产、单位内部招待所、商店、出版印刷等生产经营和对外服务活动的人员。在机构下属经济实体中的院所编制人员也应包括在内。

经　　费

1. 经费

包括暂收（暂付）款，经费收入中各项皆为毛收入。

2. 科技活动收入

政府资金　指由各级政府部门直接拨款或企事业单位利用政府资金委托本机构从事科学技术活动所获得的收入。

★财政补助收入　指由中央或地方财政通过预算的形式拨给本机构的经费，包括正常经费和专项经费。单位收到由财政部门拨给主管部门和上级单位转拨的科学事业费，以及由财政部门拨给上级主管部门和上级单位以科研课题或项目下达的科学事业费，均属财政预算拨款。

★承担政府科研项目收入　指本机构为了开展科学研究、新产品试制、中间试验、科技成果示范性推广等科技活动，通过签订协议、合同或其他形式申请并获得的政府经费，包括课题专项、设备专项和其他专项。

技术性收入 指本机构从事科学技术活动所获得的非政府资金（毛收入），如：企事业单位和社会团体利用自有资金委托本机构开展科学技术活动所提供的资金，由技术开发收入、技术转让收入、技术咨询及服务收入、学术活动和生产科普活动收入几项合计。

★来自企业 指本机构通过接受企业委托、为企业提供技术开发、技术咨询服务等形式从事科学技术活动而从企业获得的收入。

★技术开发收入 指本机构承接社会各方面委托的有关新技术、新产品、新工艺和新材料及其系统的研究开发任务而获得的收入。

★技术转让收入 指本机构通过专利权转让、专利申请权转让、专利实施许可、非专利技术的转让所获得的收入。

★技术咨询、服务、培训、承包收入 不包括建设工程的勘探、设计、施工、安装和加工承揽。

★国外资金 指中国境外的企业、大学、国际组织、民间组织、金融机构及外国政府提供给在中国境内注册的各类单位用于科技活动的经费。不包括外国在中国注册的企业提供的经费。

★科技活动借贷款 指本机构为开展科技活动从各种渠道获得的各种借、贷款。不论偿还形式、期限和数额如何，均按当年获得的借、贷款额填报。不包括基本建设贷款。

★其他资金 指除上述各项以外可以用于科技活动的收入，包括国内外社会和个人赞助、捐赠、投资收益等。

3. 科技经费内部支出

指除上述各项以外可以用于科技活动的收入，包括国内外社会和个人赞助、捐赠、 投资收益等。

★人员费用 指以货币或实物形式直接或间接支付给科技活动人员的劳动报酬及各种费用，包括各种形式的工资、补助工资、津贴、价格补贴、奖金、福利、失业保险、养老保险、医疗保险、工伤保险、人民助学金等，也包括支付给研究生的助学金、奖学金等开支。为科技活动提供间接服务人员的劳务费不计入此项。

★设备购置费 指本单位使用非基本建设投资购建费购买用于科技活动的固定资产的实际支出额。固定资产指长期使用而不改变原有的实物形态，单位价值在规定标准以上的主要物资设备，如科研仪器设备、图书资料、实验材料和标本以及其他科研设备。

★其他日常支出 指本单位用于科技活动除上述以外的支出。例如，用于科技活动的原材料费、水电能源费、差旅费、加工试验费、设备使用费、计算机机时费、资料印刷费等。培训研究生的消耗性支出也一并统计。

基 本 建 设

1. 基本建设投资实际完成额

指本机构在报告期内完成的用货币表示的基本建设工作量。

2. 自筹

指在当年基本建设投资实际完成额中自筹投资的部分，自筹部分应包括拨改贷后须由机构自身偿还的贷款。

3. 科研仪器设备

指本机构在基本建设投资的实际完成额中购置的科研仪器设备总值。非科研设备购置不计入此项。

4. 科研土建工程

指本机构在基本建设投资的实际完成额中完成的科研土建工作量（如科研楼、试验用房等）。非科研土建工程（如住房等）不计入此项。

科 技 活 动

1. 课题活动分类

基础研究 指为获得新知识而进行的独创性研究。其目的是揭示观察到的现象和事实的基本原理和规律，而不以任何特定的实际应用为目的。

应用研究 指为获得新的科学技术知识而进行的独创性研究。它主要针对某一特定的实际应用目的。应用研究通常是为了确定基础研究成果或知识的可能的用途，或是为达到某一具体的、预定的实际目的确定新的方法（原理）或途径。

★区分基础研究与应用研究的主要标志 具有特定的实际应用目的。

试验发展 利用从研究或实际经验获得的知识，为生产新的材料、产品和装置，建立新的工艺和系统，以及对已生产或建立的上述各项进行实质性的改进，而进行的系统性工作。

★区分科学研究（基础研究和应用研究）与试验发展的主要标志 前者主要是为了增加科学技术知识，后者则是为了开辟新的应用领域（如新材料或新技术）。

★区分科学研究与试验发展及其他有关活动的主要标志 具有创新成分的活动归于前者。

研究与试验发展成果应用 为解决 R&D 活动阶段产生的新产品、新装置、新工艺、新技术、新方法、新系统和服务等投入生产或实际应用所存在的技术问题而进行的系统性活动。它不具有创新成分，此类活动包括为达到生产目的而进行的定型设计和试制以及为扩大新产品生产规模和新方法、新技术、新工艺等的应用领域而进行的适应性试验。

★研究与试验发展、研究与试验发展成果应用和工业生产活动三者之间的界限大致划分如下：

（1）新产品的研制

实质性的新产品，即完全新的新产品或对现有产品的性能进行重大改进的设计、制造和试验，是研究与试验发展活动。对引进（或购买）现成的技术成果（如专利、技术诀窍、图纸和样机等）进行复制或直接应用而形成新产品的过程，不是研究与试验发展活动，而是研究与试验发展成果应用活动。

（2）新工艺、新方法的研制

对新工艺、新方法的研制或对现有工艺、生产过程进行实质性的技术改进，是研究与试验发展。采用国内已有的生产工艺或生产过程，而在技术上没有实质性的改进，只是对采用的生产工艺或生产过程做适应性的试验，不属于研究与试验发展，而是研究与试验发展成果应用活动。

（3）中间试验

新产品、新工艺、新生产过程直接用于生产前，往往要进行中间试验，以解决一系列的技术问题，情况比较复杂，对其是否属于研究与试验发展应视具体情况而定。

如果进行中间试验的直接目的是为了从技术上进一步改进产品、工艺或生产过程或为此目的进行试验以获得经验和收集数据，是研究与试验发展；如果为了进行产品的定型设计，获取生产所需的技术参数，那么就不是研究与试验发展，而是研究与试验发展成果应用活动。

（4）试生产

试生产是在完成了生产前的各项技术准备后，在正式生产前的“试验性”生产。试生产的直接目的不是对产品或生产过程在技术方面做进一步的改进，而是为了使生产能顺利进行，因而既不属于研究与试验发展，也不属于研究与试验发展成果应用活动。

（5）质量控制与检验测试

生产过程的质量控制及材料、设备、产品的常规检验、测试，不属于研究与试验发展，也不属于研究与试验发展成果应用活动，原型检验测试和非商业性的试验工厂（中试车间）中的检验测试，属于研究与试验发展。

（6）市场研究

既不是研究与试验发展，也不是研究与发展成果应用活动。

科技服务 与科学研究与试验发展有关，并有助于科学技术知识的产生、传播和应用的活动。包括，为扩大科技成果的使用范围而进行的示范性推广工作；为用户提供科技情报和文献服务的系统性工作；为用户提供可行性报告、技术方案、建议及进行技术论证等技术咨询工作；自然、生物现象的日常观测、监测，资源的考察和勘探；有关社会、人文、经济现象的通用资料的收集，如统计、市场调查等，以及这些资料的常规分析与整理；为社会和公众提供的测试、标准化、计量、计算、质量控制和专利服务，不包括工商企业为进行正常生产而开展的上述活动。

生产性活动 由于具备特殊的工艺设备条件或掌握某种技术专长或诀窍所进行的小量非常规生产。

2. 课题经费支出

指当年为进行该课题研究而从课题经费中直接支出的全部经费(不包括与外单位合作进行该课题研究而拨给对方使用的经费)。

3. 课题参加人员折合全时工作量

指按工作量计算的当年实际参加课题活动的各类人员总数。统计时首先把课题人员分离为全时人员和非全时人员，然后折算为全时工作量。

全时人员 指在本年度工作中，从事该课题活动的工作量（累计工作时间与本人全年工作总时间之比）在 0.9 以上（含 0.9）的人员数。

非全时人员 指在本年度工作中，从事该课题活动的工作量在 0.1~0.9 的人员数。工作量不到 0.1 不计在内。

全时当量 指全时人员数加所有非全时人员的工作量总和，数值取小数点后一位。

国家重点实验室

1. 固定人员

指由实验室主任聘任并有一定任期的相对稳定的研究人员、技术人员和管理人员。国家重点实验室的固定人员可以由室主任连聘连任。

2. 客座人员

指通过课题申请并获准来开放实验室从事研究工作的所内外工作人员。开放实验室的客座人员没有固定任期，在课题获准进行期内属于开放实验室的人员，享受固定人员同等待遇，课题结束之后，必须离室，因此客座人员是流动的。

3. 学委会审批课题

经学术委员会审议批准，用开放经费支持的课题。固定客座合作课题指由开放实验室固定、客座人员合作共同承担的学委会审批课题。

Explanatory Notes on Key Indicators

Personnel

1. S&T activity personnel

S&T activity personnel comprise S&T management personnel, project activity personnel and S&T service personnel.

S&T management personnel refers to leaders at various levels in the academy and institutes and those who are engaged in S&T and personnel management, including those who participate directly in such activities as S&T planning, project management, research achievement management, patent management, S&T statistics, management of S&T archives, S&T international cooperation, personnel management, education and training, and finance.

Project activity personnel refers to staff whose payroll is in the laboratory or project research group.

S&T service personnel refers to those engaged in library, information, measurement, testing, consultation, material and equipment supply as well as those working in laboratories, pilot factories (workshops) and experimental farms. They should not include drivers, janitors, and persons working in mess halls, medical houses, kindergartens and nurseries.

2. Scientists and engineers

This heading can be defined as persons who are of higher educational level or have senior or middle level academic titles.

3. Other S&T personnel

This heading refers to persons who are of specialized higher school or specialized secondary school educational level or have junior or specialized secondary school educational level or have junior academic (or technical) titles.

4. Production and business activity personnel

This mainly refers to staffs who are engaged in the production, business activity and services such as batch process of finalized products, management and services in the guesthouses and shops, and publication and printing. Staff on the CAS and institute payroll who work in the economic entities attached to the institution shall also be included.

Funds

1. Funds

Funds include temporary collection and temporary payment. Items included in the current intramural income are all gross income.

2. Income of S&T activities

Income from government funds This heading refers to funds directly allocated by government departments at all levels or income obtained by a particular institution through conducting S&T activities entrusted by enterprises and institutions using government funds.

★*Income from government subsidy* This refers to budgetary funds allocated by the central or local financial departments, including normal funds and special funds. The operation funds for scientific research obtained from the financial departments via higher authorities and the operating funds for scientific research obtained from the financial departments via higher authorities designated for research projects are all in the category of financial budgetary allocation.

★*Income from undertaking government research projects* This refers to funds received by a particular institution from the government for the purpose of carrying out S&T activities through signing agreements, contracts or other forms of application, such as scientific research, new product development and experiment, pilot experiment, and demonstration and commercialization of S&T results. This includes special funds for research projects, equipment and other items.

Technical income This refers to the gross income obtained by a particular institution from non-governmental departments for undertaking S&T activities, such as self-raised funds from institutions, enterprises and social organizations for entrusting the particular institution to carry out S&T activities. It also includes income from technology development, technology transfer, technology consultation and service, academic activities and production, and science popularization activities.

★*From enterprises* This refers to the income obtained by a particular institution from the enterprises by undertaking entrusted S&T activities for the enterprises in the form of technology development, technology consultation and service.

★*Income from technology development* This refers to income received by a particular institution from commissioned R&D on new technologies, products, processes, materials and systems.

★*Income from technology transfer* This refers to income received by a particular institution from transfer of its patents, patent application rights, patent licenses and non-patented technologies.

★*Income from technological consultation, services, training and contracts* This heading excludes the income from exploitation of construction engineering, design, construction, installation and contracts for processing.

★*Overseas Funds* This heading refers to the funds provided by overseas enterprises, universities, international organizations, non-government organizations, financial agencies and foreign governments to the institutions and units registered in China for S&T activities. This excludes the funds provided by the foreign enterprises registered in China.

★*Loans for S&T activities* This heading refers to all kinds of loans obtained by a particular institution from various sources for S&T activities. No mater what kind of form, duration and volume of the repayment will be, the total monetary volume of loans obtained in the reference year should be recorded. But, any loans for capital construction is not included.

★*Other Income* This heading refers to the income, both from home and abroad, such as donations from the society and individuals as well as some investment income for S&T activities, etc., which does not fall into the above-mentioned categories.

3. Current Intramural Expenditure

This refers to actual expenditure for S&T activities by a particular institution within the reported period, including all the expenses for S&T activities funded by not only research and development (R&D) channels but also other sources. This also includes the expenditure for the products processing with outside cooperation.

★*Personnel cost* This refers to the expenditure paid by a particular institution to its staff, directly or indirectly, in cash or in kind, including basic salary, subsidiary salary, allowances, price subsidiary, bonus, welfare funds for staff, unemployment insurance, old-aged pension, medical care insurance, insurance against injury at work, people's fellowship, etc., including stipend and fellowship for graduate students. This excludes the remuneration for personal services.

★*Equipment purchasing expenditure* This refers to the exact expenditure of non-capital construction investment spent by a particular institution on purchasing fixed assets for S&T activities. Fixed assets cover major equipment and installations with unit price above the set quota, which can be used over a long period of time without changing their original material forms (or appearances), such as scientific research equipment and installations, books, library materials, laboratory materials and specimens as well as other facilities for research activities.

★*Other daily expenditure* This refers to the expenditure spent by a particular institution for S&T activities, which is not included in the above-mentioned items, such as costs of raw materials for the performance of S&T activities, charges for water and electricity, travel, expenses directly associated with processing and experiments, costs of equipment utilization, computer times, printing of materials, etc., and consumptive expenditure for graduate student training is also included.

Capital Construction

1. Actual expenditure in capital investment

This refers to the amount of capital construction work completed by a particular institution in the reference year, which is expressed in monetary terms.

2. Self-raised funds

This refers to funds raised by a particular institution in the actual spending in capital investment. It includes loans, which should be paid back by the institution itself after the reform of the S&T

appropriation system.

3. Scientific research instruments and equipment

This refers to the total expenditure on scientific research equipment in the actual capital expenditure. Expenditure on nonresearch equipment is not included in this category.

4. Civil engineering projects for scientific research

This refers to the actual amount of work completed by a particular institution on research facilities (such as research and experiment buildings) in the actual expenditure of capital investment. Construction project not for research purpose (such as living quarters) is not included.

S&T Activities

1. Classification by project activity

Basic research Basic research can be defined as any original research undertaken to acquire new knowledge. Its purpose is to explore the underlying principles and laws of observed phenomena and facts, without any particular practical application in view.

Applied research Applied research is defined as any original research undertaken in order to acquire new scientific and technological knowledge. It is, however, directed primarily towards a specific practical aim or objective. Applied research is usually undertaken to determine the possible application of the results or knowledge from basic research, or to determine new methods or ways of achieving some specific and predetermined practical aim.

★The main criterion for distinguishing basic research from applied research is that the latter has specific practical application in view.

Experimental development Experimental development can be defined as any systematic work, drawing on existing knowledge gained from research and/or practical experience, that is directed to producing new materials, products and devices, to installing new processes and systems, and to improving substantially those already produced or installed.

★The main criterion for distinguishing scientific research (basic or applied) from experimental development is that whereas the former is primarily directed towards the increase of S&T knowledge, the latter is directed towards the introduction of new application (e.g. new materials or technologies).

★The main criterion for distinguishing scientific research from experimental development is that the former involves creative activities.

Application of research and experimental development results Application of research and experimental development results can be defined as any systematic work that is directed to the technical issues in the production and practical use of new products, new devices, new processes, new techniques, new methods, new systems and services which are generated from research and development results. This kind of activity does not involve creation and innovation. It includes finalized design and pilot development for production purposes as well as adaptability testing directed to expanding the production scale of new products and the application of new methods, technologies and processes.

★The main criterion for distinguishing research and experimental development, application of research and experimental development results, and industrial activities is basically the following:

(1) Development of new products

Activities directed towards the development of new products, that is, completely new products, substantial improvement of the design, development and experiment on the properties of existing products, should be defined as research and experimental development, while the process of producing new products through copy or direct use of imported (or purchased) technical results (such as patents, technical know-how, blueprints and prototypes) should not be mentioned as research and experimental development. It falls into the category of application of research and experimental development results.

(2) Development of new processes and methods

The development of new processes or methods and the substantial technical improvement of existing technologies and production processes are research and experimental development. Activities involved in adopting existing domestic production techniques or processes without making substantial improvements (or when only adaptability testing is conducted) cannot be considered as research and experimental development. They are the application of research and experimental development results.

(3) Pilot experiment

Before new products, technologies and production processes can be used in production, pilot experiments are usually carried out in order to solve a series of technical issues. These experiments are complex in nature and whether they are considered as research and experimental development or not can only be judged according to concrete conditions.

If the immediate aim of the pilot experiment is to make further technical improvement of existing technologies and production processes are research acquisition of experience and data for that purpose, the activity should be regarded as research and experimental development. If, on the contrary, the immediate aim is to make finalized design for a product and to obtain technical data needed for the production, the activity should be regarded as research and experimental development. It is a part of the application of research and experimental development results.

(4) Trial production

Trial production can be defined as "experimental" production conducted after various technical preparations are completed but before full scale production is started. Since the immediate aim of trial production is not to make further technical improvement of the product or the production process concerned but to get the production process working smoothly, it is neither research and experimental development, nor application of research and experimental development results.

(5) Quality control, checking and testing

Quality control of production processes and routine checking and testing of materials, devices and products are neither research and experimental development nor application of research and experimental development results. However, the testing of prototypes and testing conducted in a non-commercial pilot plant (workshop) should be regarded as research and experimental development.

(6) Market study

This is neither research and experimental development, nor application of research and experimental development results.

Scientific and technical services Scientific and technical services can be defined as any activities concerned with scientific research and experimental development and contributing to the generation, dissemination and application of scientific and technological knowledge. They include the demonstration and popularization activities to introduce the application of scientific and technological results; systematic work on scientific and technological information and documentation services; technical consultation provided to users such as feasibility studies, technical schemes, proposals and technical investigations; routine observation and monitoring of natural and biological phenomena, surveying and exploration of resources; and the gathering of general information on social, human and economic phenomena (such as statistics and market studies); as well as the routine analysis and compilation of the above mentioned information; testing, standardization, metrology, computation, quality control and patent services (excluding the above mentioned activities carried out by industries for normal production).

Productive activities This heading refers to small-scale non-conventional production undertaken because of possessing special processing equipment and facilities or technical specialties and know-how.

2. Total direct expenditure by project group

This refers to the total funds actually spent directly by the project group for the research of the project. It does not include funds transferred to the cooperators if the project is conducted jointly.

3. Full-time equivalent of project activity personnel

This refers to the total number of various kinds of personnel who actually participate in the project activities in the reference year, calculated according to their work load. In making the statistics, the project activity personnel are first classified as full-time personnel and part-time personnel and their work load are then converted into full-time work load.

Full-time personnel This refers to the number of personnel whose work load for the project activity (the ratio between accumulated working hours spent on the project activity and the total hours worked in the reference year) is 0.9 or above.

Part-time personnel This refers to the number of personnel whose work load for the project activity is from 0.1 to 0.9. Those whose work load for the project activity is less than 0.1 are not included.

Full-time equivalent This refers to the total work load of full-time personnel and part-time personnel.

State Key Laboratories

1. Permanent researchers

This refers to research, technical and managerial personnel who are invited or engaged by the directors of the open laboratories to serve for certain terms.

2. Guest researchers

This refers to scientists both inside and outside the institutes who conduct research activities at the State Key laboratories after their research applications have been approved. Guest researchers do not serve for fixed terms. They are on the staff of the State Key laboratories within the allowed period for pursuing their research subjects and enjoy the same treatment as the permanent staff does, but must leave the laboratories upon completion of their research.

3. Projects approved by the academic committees

This refers to research projects, which are approved by the academic committees and funded by the open laboratory research funds. Jointly conducted projects refer to those research projects which are approved by the academic committees and are jointly conducted by the permanent staff and guest researchers of the State Key Laboratories.

七、人才培养与引进

TALENT TRAINING AND RECRUITMENT

7-1　中国科学技术大学录取和毕业大学生情况

Enrollment and Graduation of Undergraduate Students in the University of Science and Technology of China

单位：人　　(person)

年 份 Year	录取大学生 Total enrollment			毕业大学生 Total graduation		
	合 计 Total	本 科 Regular college courses	专 科 Special college courses	合 计 Total	本 科 Regular college courses	专 科 Special college courses
1978	999	999				
1979	3009	3009		869	799	70
1980	557	557		1451	1334	117
1981	568	568		108		108
1982	639	588	51	690	690	
1983	721	662	59	668	668	
1984	758	714	44	529	476	53
1985	835	777	58	593	534	59
1986	752	752		574	574	
1987	985	810	175	572	572	
1988	1054	774	280	850	638	212
1989	748	632	116	892	687	205
1990	860	695	165	1003	734	269
1991	970	776	194	820	683	137
1992	1291	865	426	987	821	166
1993	1870	1032	838	899	684	215
1994	1721	1084	637	869	493	376
1995	1621	1123	498	1502	611	891
1996	1759	1148	611	1494	867	627
1997	1448	1248	200	1366	886	480
1998	1583	996	587	1590	1450	140
1999	1980	1840	140	1181	984	197
2000	2042	1902	140	1875	1540	335
2001	2005	1825	180	1986	1704	282
2002	1863	1863		2012	1871	141
2003	1862	1862		2321	2321	
2004	1848	1848		1754	1754	
2005	1842	1842		1763	1763	
2006	1941	1941		1797	1797	
2007	1963	1963		1753	1753	
2008	1690	1690		1866	1866	
2009	1806	1806		1845	1845	
2010	1787	1787		1884	1877	7
2011	1788	1788		1918	1918	
2012	1828	1828		1680	1680	

7-2 录取研究生和授予学位情况

Total Enrollment of Graduate Students and Degrees Granted

单位：人 (person)

年 份 Year	录取研究生 Total enrollment			授予学位 Total degrees granted		
	合 计 Total	博 士 Doctor's degree	硕 士 Master's degree	合 计 Total	博 士 Doctor's degree	硕 士 Master's degree
1955~1965	1287		1287			
1978	1400		1400			
1979	351		351			
1980	193		193			
1981	1123	107	1016	974		974
1982	1329	42	1287	178		178
1983	1334	59	1275	205		205
1984	1772	253	1519	469		469
1985	2349	372	1977	1181	72	1109
1986	2314	392	1922	998	78	920
1987	2361	561	1800	1187	82	1105
1988	2325	513	1812	2255	189	2066
1989	1966	416	1550	2370	313	2057
1990	1883	488	1395	1662	226	1436
1991	1862	562	1300	1940	326	1614
1992	2197	702	1495	1580	278	1302
1993	2383	724	1659	1019	244	775
1994	3024	1180	1844	1529	413	1116
1995	3372	1466	1906	1693	518	1175
1996	3631	1603	2028	2179	689	1490
1997	3605	1605	2000	2516	849	1667
1998	3769	1720	2049	2391	1111	1280
1999	4287	1926	2361	2769	1213	1556
2000	5807	2622	3185	2662	1247	1415
2001	7344	3171	4173	2953	1473	1480
2002	9346	3943	5403	3009	1451	1558
2003	11439	5004	6435	4019	1931	2088
2004	12981	5562	7419	5092	2428	2664
2005	13639	5691	7948	6851	3116	3735
2006	14007	5726	8281	8160	4036	4124
2007	14315	5749	8566	9353	4597	4756
2008	14731	5786	8945	10704	5053	5651
2009	15893	6111	9782	11003	5155	5848
2010	16882	6092	10790	10717	5347	5370
2011	16851	6363	10488	10318	5317	5001
2012	17446	6643	10803	11453	5524	5929

7-3 研究生招收培养

Total Enrollment of Graduate

单位：人

招生单位 Institution	录取研究生 Enrollment in 2012			在学研究生 Total enrollment		
	合计 Total	博士 Doctor's degree	硕士 Master's degree	合计 Total	博士 Doctor's degree	硕士 Master's degree
总计 Total	**17446**	**6643**	**10803**	**50236**	**22172**	**28064**
北京市 Beijing	6117	2690	3427	18321	9044	9277
数学与系统科学研究院 Academy of Mathematics & Systems Science	188	101	87	532	303	229
物理研究所 Inst. of Physics	266	145	121	724	455	269
声学研究所 Inst. of Acoustics	145	64	81	405	195	210
理论物理研究所 Inst. of Theoretical Physics	41	21	20	124	82	42
理化技术研究所 Technical Inst. of Physics and Chemistry	152	68	84	426	193	233
高能物理研究所 Inst. of High Energy Physics	170	79	91	461	253	208
国家天文台 National Astronomical Observatories of China	71	38	33	210	133	77
力学研究所 Inst. of Mechanics	113	37	76	343	127	216
化学研究所 Inst. of Chemistry	315	195	120	931	634	297
生态环境研究中心 Research Center for Eco-Environmental Sciences	199	113	86	641	388	253
过程工程研究所 Inst. of Process Engineering	128	63	65	428	230	198
地理科学与资源研究所 Inst. of Geographic Sciences and Natural Resources Research	219	125	94	684	435	249
地质与地球物理研究所 Inst. of Geology and Geophysics	184	103	81	576	381	195

及授予学位情况（2012 年）

Students and Degrees Granted: 2012

(person)

授予博士学位 Doctor's degree				授予硕士学位 Master's degree			
合计 Total	理学 Natural sciences	工学 Engineering sciences	其他 Others	合计 Total	理学 Natural sciences	工学 Engineering sciences	其他 Others
5524	**3341**	**2008**	**175**	**5927**	**1813**	**1958**	**2156**
2324	1413	810	101	2290	514	697	1079
92	76	3	13	32	23	2	7
144	144			6	6		
56	11	45		28	7	21	
19	19			1	1		
67	53	14		45	10	17	18
69	51	18		21	6	5	10
28	28			12	12		
32		32		48		48	
179	173	6		25	4		21
97	20	77		48	15	33	
48		48		59		21	38
111	94	11	6	68	57	5	6
50	43	7		34	27	7	

招生单位 Institution	录取研究生 Enrollment in 2012			在学研究生 Total enrollment		
	合计 Total	博士 Doctor's degree	硕士 Master's degree	合计 Total	博士 Doctor's degree	硕士 Master's degree
古脊椎动物与古人类研究所 Inst. of Vertebrate Paleontology and Paleoanthropology	29	12	17	97	40	57
大气物理研究所 Inst. of Atmospheric Physics	132	76	56	401	233	168
遥感与数字地球研究所 Inst. of Remote Sensing and Digital Earth	104	55	49	332	175	157
植物研究所 Inst. of Botany	185	83	102	613	306	307
动物研究所 Inst. of Zoology	157	88	69	509	293	216
心理研究所 Inst. of Psychology	88	41	47	254	132	122
微生物研究所 Inst. of Microbiology	118	55	63	421	248	173
生物物理研究所 Inst. of Biophysics	187	96	91	539	272	267
遗传与发育生物学研究所 Inst. of Genetics and Developmental Biology	127	87	40	504	381	123
北京基因组研究所 Beijing Inst. of Genetics	73	30	43	212	94	118
计算技术研究所 Inst. of Computing Technology	274	90	184	952	418	534
计算机网络信息中心 Computer Network Information Center	57	11	46	166	30	136
软件研究所 Inst. of Software	134	46	88	421	155	266
信息工程研究所 Inst. of Information Engineering	124	43	81	285	124	161
半导体研究所 Inst. of Semiconductors	211	99	112	566	293	273
微电子研究所 Inst. of Microelectronics	98	44	54	339	93	246
电子学研究所 Inst. of Electronics	174	69	105	516	225	291

续表 7-3

授予博士学位 Doctor's degree				授予硕士学位 Master's degree			
合计 Total	理学 Natural sciences	工学 Engineering sciences	其他 Others	合计 Total	理学 Natural sciences	工学 Engineering sciences	其他 Others
11	11			9	9		
91	91			4	4		
49	40	9		32	14	6	12
80	80			67	67		
82	82			35	35		
38	38			50	50		
42	42			29	29		
79	79			7	7		
86	86			2	2		
25	25			20	20		
88		88		177		127	50
9		9		42		31	11
37		37		95		70	25
85	9	76		28	1	16	11
33		33		64		30	34
74		74		50		40	10

招 生 单 位 Institution	录取研究生 Enrollment in 2012			在学研究生 Total enrollment		
	合 计 Total	博 士 Doctor's degree	硕 士 Master's degree	合 计 Total	博 士 Doctor's degree	硕 士 Master's degree
电工研究所 Inst. of Electric Engineering	87	34	53	283	131	152
工程热物理研究所 Inst. of Engineering Thermophysics	77	29	48	247	98	149
空间科学与应用研究中心 Center for Space Science and Applied Research	106	37	69	322	120	202
自动化研究所 Inst. of Automation	204	104	100	610	357	253
对地观测与数字地球科学中心 Center for Earth Observation and Digital Earth	49	14	35	176	51	125
自然科学史研究所 Inst. of History of Natural Sciences	20	10	10	68	37	31
科技政策与管理科学研究所 Inst. of Policy and Management	40	21	19	126	76	50
国家科学图书馆（筹） National Science Library	49	17	32	156	59	97
中国科学院大学 University of CAS	814	172	642	2214	585	1629
青藏高原研究所 Inst. of Qinghai-Tibet Plateau	47	21	26	128	66	62
国家纳米科学中心 National Center for Nanoscience Technology	105	44	61	222	111	111
光电研究院 Academy of Opto-Electronics	31	5	26	157	32	125
空间应用工程与技术中心 Technology and Engineering Center for Space Utilization	25	5	20			
天津市 Tianjin	20	6	14	55	16	39
天津工业生物技术研究所 Tianjin Inst. of Industrial Biotechnology	20	6	14	55	16	39
河北省 Hebei Province	46	19	27	131	55	76
渗流流体力学研究所 Inst. of Osmotic Mechanics	24	11	13	68	30	38

续表 7-3

授予博士学位 Doctor's degree				授予硕士学位 Master's degree			
合计 Total	理学 Natural sciences	工学 Engineering sciences	其他 Others	合计 Total	理学 Natural sciences	工学 Engineering sciences	其他 Others
29		29		25		25	
45		45		18		18	
30	19	11		42	9	30	3
96		96		42		31	11
7	6	1		42	12	17	13
9	7		2	10	10		
15			15	17			17
13			13	29			29
137	53	32	52	865	53	59	753
14	14			19	19		
19	19			6	5	1	
9		9		37		37	
16	6	10		15	9	6	
10		10		6		6	

招 生 单 位 Institution	录取研究生 Enrollment in 2012			在学研究生 Total enrollment		
	合 计 Total	博 士 Doctor's degree	硕 士 Master's degree	合 计 Total	博 士 Doctor's degree	硕 士 Master's degree
遗传与发育生物学研究所农业资源研究中心 Center for Agricultural Resources Research, Institute of Genetics and Developmental Biology	22	8	14	63	25	38
山西省 Shanxi Province	102	48	54	308	167	141
山西煤炭化学研究所 Shanxi Inst. of Coal Chemistry	102	48	54	308	167	141
辽宁省、山东省 Liaoning and Shandong Provinces	992	455	537	3095	1620	1475
大连化学物理研究所 Dalian Inst. of Chemical Physics	256	138	118	812	546	266
沈阳应用生态研究所 Shenyang Inst. of Applied Ecology	109	46	63	326	147	179
中国科学院沈阳计算技术研究所有限公司 CAS Shenyang Computing Technology Co., Ltd.	57	8	49	177	21	156
沈阳自动化研究所 Shenyang Inst. of Automation	101	40	61	334	176	158
金属研究所 Inst. of Metals Research	207	100	107	651	375	276
海洋研究所 Inst. of Oceanology	165	77	88	499	212	287
青岛生物能源与过程研究所 Qingdao Inst. of Bioenergy and Bioprocess Technology	49	24	25	149	80	69
烟台海岸带研究所 Yantai Inst. of Coastal Zone Research	48	22	26	147	63	84
吉林省 Jilin Province	610	289	321	1808	964	844
长春光学精密机械与物理研究所 Changchun Inst. of Optics, Fine Mechanics and Physics	315	132	183	896	429	467
长春应用化学研究所 Changchun Inst. of Applied Chemistry	233	125	108	731	435	296
东北地理与农业生态研究所 Northeast Inst. of Geography and Agroecology	62	32	30	181	100	81
上海市、福建省、浙江省 Shanghai, Fujian Province and Zhejiang Province	2072	849	1223	5610	2753	2857

续表 7-3

授予博士学位 Doctor's degree				授予硕士学位 Master's degree			
合计 Total	理学 Natural sciences	工学 Enginee-ring sciences	其他 Others	合计 Total	理学 Natural sciences	工学 Enginee-ring sciences	其他 Others
6	6			9	9		
36	9	27		18	8	10	
36	9	27		18	8	10	
384	170	208	6	305	90	149	66
105	69	36		10	6	4	
40	33	5	2	44	28	8	8
6		6		70		42	28
36		36		37		37	
99		99		62		37	25
66	60	2	4	51	47	2	2
12	4	8		13	4	6	3
20	4	16		18	5	13	
261	161	100		100	44	56	
129	38	91		72	18	54	
104	104			14	14		
28	19	9		14	12	2	
742	473	269		353	130	208	15

招生单位 Institution	录取研究生 Enrollment in 2012			在学研究生 Total enrollment		
	合计 Total	博士 Doctor's degree	硕士 Master's degree	合计 Total	博士 Doctor's degree	硕士 Master's degree
上海应用物理研究所 Shanghai Inst. of Applied Physics	141	51	90	361	176	185
上海天文台 Shanghai Observatory	42	18	24	131	67	64
上海硅酸盐研究所 Shanghai Inst. of Ceramics	180	62	118	473	192	281
上海有机化学研究所 Shanghai Inst. of Organic Chemistry	196	82	114	476	176	300
上海药物研究所 Shanghai Inst. of Materia Medica	172	76	96	426	222	204
上海生命科学研究院 Shanghai Institutes for Biological Sciences	550	253	297	1608	1005	603
上海微系统与信息技术研究所 Shanghai Inst. of Microsystem and Information Technology	163	58	105	412	174	238
上海光学精密机械研究所 Shanghai Inst. of Optics and Fine Mechanics	181	69	112	473	206	267
上海技术物理研究所 Shanghai Inst. of Technical Physics	125	55	70	345	160	185
声学研究所东海研究站 Shanghai Acoustics Laboratory	12		12	30		30
福建物质结构研究所 Fujian Inst. of Research on the Structure of Matter	115	47	68	328	143	185
宁波材料技术与工程研究所 Ningbo Inst. of Material Technology and Engineering	66	28	38	207	87	120
上海巴斯德研究所 Inst. Pasteur of Shanghai	42	18	24	107	54	53
城市环境研究所 Inst. of Urban Environment	52	24	28	163	75	88
上海高等研究院 Shanghai Advanced Research Institute	35	8	27	70	16	54
江苏省 Jiangsu Province	300	134	166	836	395	441
紫金山天文台 Purple Mountain Observatory	38	16	22	115	58	57
南京地理与湖泊研究所 Nanjing Inst. of Geography and Limnology	56	30	26	172	95	77

续表 7-3

授予博士学位 Doctor's degree				授予硕士学位 Master's degree			
合计 Total	理学 Natural sciences	工学 Enginee-ring sciences	其他 Others	合计 Total	理学 Natural sciences	工学 Enginee-ring sciences	其他 Others
43	29	14		41	11	30	
11	11			14	14		
46	5	41		27		27	
79	79			22	22		
64	64			19	19		
227	227			27	27		
65		65		37		37	
64	13	51		57	4	53	
63		63		24	2	22	
				7	1	6	
44	36	8		33	22	11	
14	6	8		34	8	11	15
3	3						
19		19		11		11	
90	33	38	19	94	58	17	19
6	6			8	8		
20	11	9		22	15	7	

招生单位 Institution	录取研究生 Enrollment in 2012			在学研究生 Total enrollment		
	合计 Total	博士 Doctor's degree	硕士 Master's degree	合计 Total	博士 Doctor's degree	硕士 Master's degree
南京地质古生物研究所 Nanjing Inst. of Geology and Palaeontology	22	9	13	63	27	36
南京土壤研究所 Nanjing Inst. of Soil Science	90	44	46	272	145	127
国家天文台南京天文光学技术研究所 Nanjing Inst. of Astronomical Optics&Technology	22	7	15	57	17	40
南京中科天文仪器有限公司 CAS Nanjing Astronomic Instrument Co., Ltd.	2		2	6		6
苏州纳米技术与纳米仿生研究所 Suzhou Institute of Nano-Tech and Nano-Bionics	49	21	28	150	53	97
苏州生物医学工程技术研究所 Suzhou Inst. of Biomedical Engineering and Technology	21	7	14	1		1
安徽省 Anhui Province	4408	984	3424	11681	3249	8432
合肥物质科学研究院 Hefei Institutes of Physical Sciences	349	141	208	1030	479	551
中国科学技术大学 University of Science and Technology of China	4059	843	3216	10651	2770	7881
湖北省 Hubei Province	503	214	289	1507	729	778
武汉物理与数学研究所 Wuhan Inst. of Physics and Mathematics	93	39	54	277	152	125
武汉岩土力学研究所 Wuhan Inst. of Rock and Soil Mechanics	71	36	35	220	107	113
测量与地球物理研究所 Inst. of Geodesy and Geophysics	42	16	26	126	62	64
武汉植物园 Wuhan Botanical Garden	47	17	30	152	58	94
水生生物研究所 Inst. of Hydrobiology	167	71	96	479	226	253
武汉病毒研究所 Wuhan Inst. of Virology	83	35	48	253	124	129
广东省、湖南省 Guangdong and Hunan Provinces	615	259	356	1901	877	1024
中科院广州化学有限公司 CAS Guangzhou Chemistry Co., Ltd.	28	10	18	82	26	56
广州地球化学研究所 Guangzhou Inst. of Geochemistry	167	88	79	513	321	192

授予博士学位 Doctor's degree				授予硕士学位 Master's degree			
合计 Total	理学 Natural sciences	工学 Engineering sciences	其他 Others	合计 Total	理学 Natural sciences	工学 Engineering sciences	其他 Others
6	6			10	10		
40	4	17	19	32	7	6	19
4	4			13	13		
				2	2		
14	2	12		7	3	4	
693	356	299	38	1759	325	528	906
120	77	43		135	64	57	14
573	279	256	38	1624	261	471	892
176	129	47		128	97	31	
22	22			18	18		
26		26		16		16	
9	5	4		12	5	7	
12	12			17	17		
77	60	17		38	30	8	
30	30			27	27		
203	149	54		227	126	70	31
8	8			12	8	4	
84	49	35		22	14	8	

招生单位 Institution	录取研究生 Enrollment in 2012			在学研究生 Total enrollment		
	合计 Total	博士 Doctor's degree	硕士 Master's degree	合计 Total	博士 Doctor's degree	硕士 Master's degree
南海海洋研究所 South China Sea Inst. of Oceanology	98	40	58	299	133	166
华南植物园 South China Botanical Garden	107	38	69	319	116	203
广州能源研究所 Guangzhou Inst. of Energy Conversion	54	18	36	161	55	106
亚热带农业生态研究所 Inst. of Subtropical Agriculture	41	17	24	128	59	69
广州生物医药与健康研究院 Guangzhou Institutes of Biomedicine and Health	54	25	29	160	80	80
深圳先进技术研究院 Shenzhen Institutes of Advanced Technology	66	23	43	239	87	152
四川省、重庆市 Sichuan Province and Chongqing	388	161	227	1100	511	589
中国科学院成都有机化学有限公司 CAS Chengdu Organic Chemistry Co., Ltd.	56	29	27	164	94	70
成都山地灾害与环境研究所 Chengdu Inst. of Mountain Hazards and Environment	64	31	33	192	96	96
成都生物研究所 Chengdu Inst. of Biology	97	40	57	286	133	153
中科院成都信息技术有限公司 CAS Chengdu Information Technology Co., Ltd.	35	12	23	103	42	61
光电技术研究所 Inst. of Optics and Electronics	116	43	73	335	140	195
重庆绿色智能技术研究院 Chongqing Inst. of Green and Intelligent Technology	20	6	14	20	6	14
云南省、贵州省 Yunnan and Guizhou Provinces	387	168	219	1174	543	631
云南天文台 Yunnan Astronomical Observatory	38	16	22	111	52	59
昆明植物研究所 Kunming Inst. of Botany	106	51	55	328	158	170
西双版纳热带植物园 Xishuangbanna Tropical Botanical Garden	60	20	40	189	64	125

续表 7-3

授予博士学位 Doctor's degree				授予硕士学位 Master's degree			
合计 Total	理学 Natural sciences	工学 Engineering sciences	其他 Others	合计 Total	理学 Natural sciences	工学 Engineering sciences	其他 Others
35	31	4		49	38	10	1
31	31			48	42		6
15		15		29	1	20	8
13	13			22	17		5
17	17			6	6		
				39		28	11
129	58	71		137	69	67	1
26	21	5		15	12	3	
23	17	6		21	10	10	1
26	20	6		48	42	6	
13		13		17	1	16	
41		41		36	4	32	
151	149	2		127	123	4	
12	12			20	20		
40	40			37	37		
18	18			33	33		

招 生 单 位 Institution	录取研究生 Enrollment in 2012			在学研究生 Total enrollment		
	合 计 Total	博 士 Doctor's degree	硕 士 Master's degree	合 计 Total	博 士 Doctor's degree	硕 士 Master's degree
昆明动物研究所 Kunming Inst. of Zoology	83	37	46	262	126	136
地球化学研究所 Inst. of Geochemistry	100	44	56	284	143	141
陕西省 Shaanxi Province	255	100	155	810	356	454
国家授时中心 National Time Service Center	42	16	26	146	55	91
水土保持与生态环境研究中心 Research Center of Soil of Water Conservation and Eco-Environmental Science	51	23	28	164	87	77
西安光学精密机械研究所 Xi'an Inst. of Optics and Precision Mechanics	126	45	81	400	165	235
地球环境研究所 Inst. of Earth Environment	36	16	20	100	49	51
甘肃省、青海省 Gansu and Qinghai Provinces	445	205	240	1303	653	650
近代物理研究所 Inst. of Modern Physics	97	42	55	275	137	138
兰州化学物理研究所 Lanzhou Inst. of Chemical Physics	104	56	48	298	156	142
兰州油气资源研究中心 Lanzhou Center for Oil and Gas Resources	21	9	12	59	31	28
青海盐湖研究所 Qinghai Inst. of Saline Lakes	43	12	31	108	30	78
西北高原生物研究所 Northwest Inst. of Plateau Biology	46	17	29	135	51	84
寒区旱区环境与工程研究所 Cold and Arid Regions Environmental and Engineering Research Inst.	134	69	65	428	248	180
新疆维吾尔自治区 Xinjiang Uygur Autonomous Region	186	62	124	596	240	356
新疆天文台 Xinjiang Astronomical Observatory	16	5	11	44	13	31
新疆理化技术研究所 Xinjiang Technical Inst. of Physics and Chemistry	63	20	43	202	78	124
新疆生态与地理研究所 Xinjiang Inst. of Ecology and Geography	107	37	70	350	149	201

授予博士学位 Doctor's degree				授予硕士学位 Master's degree			
合计 Total	理学 Natural sciences	工学 Engineering sciences	其他 Others	合计 Total	理学 Natural sciences	工学 Engineering sciences	其他 Others
37	37			18	18		
44	42	2		19	15	4	
59	18	30	11	116	22	71	23
5	4	1		33	4	23	6
12	1		11	19	2		17
33	7	26		55	11	44	
9	6	3		9	5	4	
202	167	35		176	145	19	12
36	26	10		19	15	4	
69	55	14		29	16	4	9
7	7			6	6		
8	8			29	23	3	3
12	12			28	28		
70	59	11		65	57	8	
58	50	8		82	53	25	4
2	2			8	8		
23	15	8		29	13	16	
33	33			45	32	9	4

7-4 中国科学院院长奖学金获奖情况

Statistics of CAS President's Scholarship

单位：人 (person)

年 份 Year	获特别奖人数 Number of special awards	获优秀奖人数 Number of excellence awards
1989	8	136
1990	10	145
1991	10	142
1992	9	154
1993	10	154
1994	15	151
1995	16	152
1996	20	150
1997	20	149
1998	20	150
1999	20	150
2000	20	149
2001	19	151
2002	20	150
2003	20	200
2004	20	199
2005	20	196
2006	20	199
2007	20	200
2008	20	200
2009	20	200
2010	20	200
2011	50	300
2012	50	300

7-5　博士后情况（2012 年）

Statistics of Postdoctors: 2012

单位：人 (person)

单位 Institutions	在站博士后人数 Number of postdoctoral fellows	其中：外籍博士后在站人数 Of which: Number of postdoctors with foreign citizenship	当年进站博士后人数 Number of postdoctors enrolled in 2012	其中：外籍博士后进站人数 Of which: Number of postdoctors with foreign citizenship	当年出站博士后人数 Number of postdoctors completed research successfully in 2012
总　计 Total	**3933**	**126**	**1465**	**45**	**985**
北京市 Beijing	1846	45	664	14	496
数学与系统科学研究院 Academy of Mathematics and Systems Science	87	2	36		27
物理研究所 Inst. of Physics	40		22		12
声学研究所 Inst. of Acoustics	27		8		10
理论物理研究所 Inst. of Theoretical Physics	10	1	2		6
高能物理研究所 Inst. of High Energy Physics	51	7	25	2	27
国家天文台 National Astronomical Observatories of China	48	1	13		10
力学研究所 Inst. of Mechanics	21		6		8
化学研究所 Inst. of Chemistry	77	2	31		26
理化技术研究所 Technical Inst. of Physics and Chemistry	23	2	12	2	15
生态环境研究中心 Research Center for Eco-Environmental Sciences	124	3	46		29
过程工程研究所 Inst. of Process Engineering	37		13		19
地理科学与资源研究所 Inst. of Geographic Sciences and Natural Resources Research	189	7	70	4	38

续表 7-5

单位 Institutions	在站博士后人数 Number of postdoctoral fellows	其中：外籍博士后在站人数 Of which: Number of postdoctors with foreign citizenship	当年进站博士后人数 Number of postdoctors enrolled in 2012	其中：外籍博士后进站人数 Of which: Number of postdoctors with foreign citizenship	当年出站博士后人数 Number of postdoctors completed research successfully in 2012
遥感与数字地球研究所 Inst. of Remote Sensing and Digital Earth	39		5		5
地质与地球物理研究所 Inst. of Geology and Geophysics	147	1	39	1	52
古脊椎动物与古人类研究所 Inst. of Vertebrate Paleontology and Paleoanthropology	11	2	2		1
大气物理研究所 Inst. of Atmospheric Physics	30	3	10	2	11
植物研究所 Inst. of Botany	53	1	15		10
动物研究所 Inst. of Zoology	110	2	43		25
心理研究所 Inst. of Psychology	21		9		7
微生物研究所 Inst. of Microbiology	71	2	17		7
生物物理研究所 Inst. of Biophysics	51	3	17	1	19
遗传与发育生物学研究所 Inst.of Genetics and Developmental Biology	125	1	45	1	11
北京基因组研究所 Beijing Inst.of Genomics	14	1	8		1
计算技术研究所 Inst. of Computing Technology	81	2	29	1	17
软件研究所 Inst. of Software	19		4		8
半导体研究所 Inst. of Semiconductors	25	1	12		10
电工研究所 Inst. of Electrical Engineering	14		2		5
自动化研究所 Inst. of Automation	40		13		8
对地观测与数字地球科学中心 Center for Earth Observation and Digital Earth	3		3		
电子学研究所 Inst. of Electronics	11		7		

续表 7-5

单位 Institutions	在站博士后人数 Number of postdoctoral fellows	其中：外籍博士后在站人数 Of which: Number of postdoctors with foreign citizenship	当年进站博士后人数 Number of postdoctors enrolled in 2012	其中：外籍博士后进站人数 Of which: Number of postdoctors with foreign citizenship	当年出站博士后人数 Number of postdoctors completed research successfully in 2012
工程热物理研究所 Inst. of Engineering Thermophysics	12		4		2
空间科学与应用研究中心 Center for Space Science and Applied Research	16		6		3
自然科学史研究所 Inst. of History of Natural Sciences	5				
微电子研究所 Inst. of Microelectronics	17		7		5
科技政策与管理科学研究所 Inst. of Policy and Management	40		17		6
青藏高原研究所 Inst. of Qinghai-Tibet Plateau	25		7		7
国家纳米科学中心 National Center for Nano Science and Technology of China	25		14		12
信息工程研究所 Inst. of Information Engineering	4		4		
中国科学院大学 University of CAS	103	1	41		37
山西省 Shanxi Province	6		1		1
山西煤炭化学研究所 Shanxi Inst. of Coal Chemistry	6		1		1
辽宁省、山东省 Liaoning and Shandong Provinces	247	4	93	1	73
大连化学物理研究所 Dalian Inst. of Chemical Physics	94	4	37	1	26
沈阳应用生态研究所 Shenyang Inst. of Applied Ecology	15		5		6
金属研究所 Inst. of Metal Research	45		12		14
沈阳自动化研究所 Shenyang Inst. of Automation	38		16		10
海洋研究所 Inst. of Oceanology	55		23		17

单位 Institutions	在站博士后人数 Number of postdoctoral fellows	其中：外籍博士后在站人数 Of which: Number of postdoctors with foreign citizenship	当年进站博士后人数 Number of postdoctors enrolled in 2012	其中：外籍博士后进站人数 Of which: Number of postdoctors with foreign citizenship	当年出站博士后人数 Number of postdoctors completed research successfully in 2012
吉林省 Jilin Province	191	4	67	1	42
长春应用化学研究所 Changchun Inst. of Applied Chemistry	134	4	48	1	32
长春光学精密机械与物理研究所 Changchun Inst. of Optics，Fine Mechanics and Physics	30		12		7
东北地理与农业生态研究所 Northeast Inst. of Geography and Agricultural Ecology	27		7		3
上海市、福建省、浙江省 Shanghai、Fujian Province and Zhejiang Province	441	18	188	8	132
上海应用物理研究所 Shanghai Inst. of Applied Physics	18		10		13
上海天文台 Shanghai Observatory	24	6	10	2	8
上海硅酸盐研究所 Shanghai Inst. of Ceramics	19	1	7	1	8
上海有机化学研究所 Shanghai Inst. of Organic Chemistry	24		13		8
上海药物研究所 Shanghai Inst. of Materia Medica	40		21		18
上海生命科学研究院 Shanghai Institutes for Biological Sciences	186	10	69	5	47
上海微系统与信息技术研究所 Shanghai Inst. of Microsystem and Information Technology	23		9		6
上海光学精密机械研究所 Shanghai Inst. of Optics and Fine Mechanics	14		8		4
上海技术物理研究所 Shanghai Inst. of Technical Physics	17		5		3
福建物质结构研究所 Fujian Inst. of Research on the Structure of Matter	16	1	6		1
宁波材料技术与工程研究所 Ningbo Inst. of Material Technology and Engineering	59		29		16

单位 Institutions	在站博士后人数 Number of postdoctoral fellows	其中：外籍博士后在站人数 Of which: Number of postdoctors with foreign citizenship	当年进站博士后人数 Number of postdoctors enrolled in 2012	其中：外籍博士后进站人数 Of which: Number of postdoctors with foreign citizenship	当年出站博士后人数 Number of postdoctors completed research successfully in 2012
城市环境研究所 Inst. of Urban Environment	1		1		
江苏省 Jiangsu Province	70	3	27	1	11
紫金山天文台 Purple Mountain Observatory	10	1	4	1	2
南京地理与湖泊研究所 Nanjing Inst. of Geography and Limnology	25		6		1
南京地质古生物研究所 Nanjing Inst. of Geology and Palaeontology	12	1	4		3
南京土壤研究所 Nanjing Inst. of Soil Science	23	1	13		5
安徽省 Anhui Province	531	11	211	5	131
合肥物质科学研究院 Hefei Institutes of Physical Sciences	67	1	22		18
中国科学技术大学 University of Science and Technology of China	464	10	189	5	113
湖北省 Hubei Province	111	3	42	1	14
武汉物理与数学研究所 Wuhan Inst. of Physics and Mathematics	28		12		8
水生生物研究所 Inst. of Hydrobiology	44	1	18		2
武汉病毒研究所 Wuhan Inst. of Virology	8		3		1
测量与地球物理研究所 Inst. of Geodesy and Geophysics	2	1	1		
武汉岩土力学研究所 Wuhan Inst. of Rock and Soil Mechanics	21	1	5	1	3
武汉植物园 Wuhan Botanical Garden	8		3		

续表 7-5

单位 Institutions	在站博士后人数 Number of postdoctoral fellows	其中：外籍博士后在站人数 Of which: Number of postdoctors with foreign citizenship	当年进站博士后人数 Number of postdoctors enrolled in 2012	其中：外籍博士后进站人数 Of which: Number of postdoctors with foreign citizenship	当年出站博士后人数 Number of postdoctors completed research successfully in 2012
广东省、湖南省 Guangdong and Hunan Provinces	122	8	45	2	32
广州地球化学研究所 Guangzhou Inst. of Geochemistry	44	2	16	1	11
南海海洋研究所 South China Sea Inst. of Oceanology	38	2	12		11
华南植物园 South China Botanical Garden	27	3	7		7
广州能源研究所 Guangzhou Inst. of Energy Conversion	6		3		3
深圳先进技术研究院 Shenzhen Institutes of Advanced Technology	7	1	7	1	
云南省、贵州省 Yunnan and Guizhou Provinces	106	18	45	6	14
地球化学研究所 Inst. of Geochemistry	36	1	17		3
昆明植物研究所 Kunming Inst. of Botany	24	5	10	1	6
昆明动物研究所 Kunming Inst. of Zoology	29	1	12	1	3
西双版纳热带植物园 Xishuangbanna Tropical Botanical Garden	17	11	6	4	2
四川省 Sichuan Province	58	2	23	2	11
成都山地灾害与环境研究所 Chengdu Inst. of Mountain Hazards and Environment	10		3		3
成都生物研究所 Chengdu Inst. of Biology	30	2	18	2	7
光电技术研究所 Inst. of Optics and Electronics	7				
中科院成都信息技术有限公司 CAS Chengdu Information Technology Co., Ltd.	6		1		

续表 7-5

单位 Institutions	在站博士后人数 Number of postdoctoral fellows	其中：外籍博士后在站人数 Of which: Number of postdoctors with foreign citizenship	当年进站博士后人数 Number of postdoctors enrolled in 2012	其中：外籍博士后进站人数 Of which: Number of postdoctors with foreign citizenship	当年出站博士后人数 Number of postdoctors completed research successfully in 2012
中国科学院成都有机化学有限公司 CAS Chengdu Organic Chemistry Co., Ltd.	5		1		1
陕西省 Shaanxi Province	45	4	12		6
西安光学精密机械研究所 Xi'an Inst. of Optics and Precision Mechanics	16		4		4
地球环境研究所 Inst. of Earth Environment	11	3	3		2
国家授时中心 National Time Service Center	2				
水土保持与生态环境研究中心 Research Center of Soil of Water Conservation and Eco-Environmental Science	16	1	5		
甘肃省、青海省 Gansu and Qinghai Provinces	111		30		19
近代物理研究所 Inst. of Modern Physics	5		2		4
兰州化学物理研究所 Lanzhou Inst. of Chemical Physics	14		4		3
寒区旱区环境与工程研究所 Cold and Arid Regions Environmental and Engineering Research Inst.	80		21		10
青海盐湖研究所 Qinghai Inst. of Saline Lakes	7		2		1
西北高原生物研究所 Northwest Inst. of Plateau Biology	5		1		1
新疆维吾尔自治区 Xinjiang Uygur Autonomous Region	48	6	17	4	3
新疆理化技术研究所 Xinjiang Technical Inst. of Physics and Chemistry	12		7		1
新疆生态与地理研究所 Xinjiang Inst. of Ecology and Geography	36	6	10	4	2

7-6 派往国外及香港地区留学人员情况

Statistics of Students and Visiting Scholars Sent Abroad and to Hong Kong Special Administrative Region

单位：人 (person)

年 份 Year	派出总人数 Total number of persons sent abroad	访问学者 Visiting scholars	研究生 Graduate students	回国人数 Number of people returned
1979	588	489	99	408
1980	651	520	131	517
1981	725	566	159	536
1982	520	395	125	186
1983	559	389	170	36
1984	435	325	110	549
1985	779	555	224	302
1986	919	504	415	317
1987	710	420	290	295
1988	591	373	218	214
1989	410	355	55	199
1990	360	325	35	70
1991	326	313	13	113
1992	389	366	23	226
1993	373	346	27	230
1994	409	378	31	347
1995	415	369	46	322
1996	357	308	49	293
1997	361	331	30	308
1998	432	383	49	543
1999	378	340	38	464
2000	528	447	81	492
2001	401	307	94	360
2002	412	315	97	330
2003	427	351	76	329
2004	313	252	61	298
2005	314	275	39	251
2006	276	272	4	227
2007	311	263	48	242
2008	571	518	53	526
2009	564	517	47	190
2010	516	311	205	178
2011	474	227	247	184
2012	338	263	75	202

7-7 派往国外及香港地区留学人员情况（2012 年）

Statistics of Students and Visiting Scholars Sent Abroad and to Hong Kong Special Administrative Region: 2012

单位：人 (person)

派往国家和地区 Country and region	当年派出人数 Number of people sent abroad in current year			年龄组 Age group			研究课题性质 Field of study		
	总计 Total	访问学者 Visiting scholars	研究生 Graduate students	30 岁以下 Under 30	30~40 岁 30~40	40 岁以上 Over 40	基础 Basic	应用 Applied	其他 Others
合计 Total	**338**	**263**	**75**	**115**	**149**	**74**	**264**	**48**	**26**
美国 USA	145	145		28	85	32	104	30	11
加拿大 Canada	15	15		3	8	4	7	6	2
英国 England	23	23		5	15	3	17	1	5
法国 France	21	5	16	17	3	1	17	3	1
德国 Germany	85	26	59	62	13	10	79		6
日本 Japan	7	7			2	5	6	1	
澳大利亚 Australia	19	19			11	8	13	5	1
荷兰 Netherlands	5	5			3	2	4	1	
瑞典 Sweden	4	4			2	2	4		
其他 Others	14	14			7	7	13	1	

7-8　职工继续教育

Statistics of Staff Continued Education and

单　位 Unit	总　计 Total	通用知识培训 General knowledge training	岗位培训 Job training	学术讲座 Academic lectures	学术进修 Academic studies	学术研讨 Academic seminars
合　计 Total	**495283**	**52495**	**37455**	**163328**	**7175**	**68630**
一、地区培训 By region						
北京地区 Beijing region	186132	14093	7286	62022	4016	25336
沈阳地区 Shenyang region	40800	4484	2946	17976	199	6307
长春地区 Changchun region	22273	4728	6328	3923	123	2777
上海地区 Shanghai region	78672	8243	10765	29450	840	11680
南京地区 Nanjing region	22845	2722	800	6615	110	1831
合肥地区 Hefei region	9217	1431	1385	1517	27	1138
武汉地区 Wuhan region	17851	2345	1192	5452	874	1873
广州地区 Guangzhou region	27870	2209	785	14819	200	4360

和社会培训情况（2012 年）

Personnel Trained for the Society: 2012

技术技能培训 Technical skills training	管理能力培训 Management capacity training	在职攻读学位 Study for degrees at job	为社会培训 Trained for the society	其他培训 Other training
44378	**24236**	**1890**	**76987**	**18709**
18489	7522	960	39968	6440
3323	1811	56	1126	2572
2040	1329	35	353	637
7975	3839	183	3572	2125
2168	866	26	6746	961
2370	1230	20	60	39
1145	1459	18	2825	668
2573	1081	67	495	1281

单 位 Unit	总 计 Total	通用知识培训 General knowledge training	岗位培训 Job training	学术讲座 Academic lectures	学术进修 Academic studies	学术研讨 Academic seminars
成都地区 Chengdu region	11180	2384	2387	2095	8	1624
昆明地区 Kunming region	19376	1565	1111	5816	209	5968
西安地区 Xi'an region	6414	1699	358	1606	22	499
兰州地区 Lanzhou region	21719	4946	1403	7456	287	2308
新疆地区 Xinjiang region	9306	1186	429	631		581
二、院校培训 By College						
中国科学院大学 University of CAS	12858	300	120	950	40	348
中国科学技术大学 University of Science and Technology of China	8770	160	160	3000	220	2000

续表 7-8

技术技能培训 Technical skills training	管理能力培训 Management capacity training	在职攻读学位 Study for degrees at job	为社会培训 Trained for the society	其他培训 Other training
1000	693	18		971
1423	1000	47	1370	867
509	800	112	429	380
825	757	189	3169	379
172	1322	41	4280	664
246	327	8	10194	325
120	200	110	2400	400

7-9 中国科学院“百人计划”招聘情况

Status on the Recruitment of CAS Hundred Talents Program

年份 Year	招聘人数 Number of scholars selected	招聘类别 Types of recruitment				
		引进国外杰出人才 Bring in outstanding talents from abroad	国内“百人计划” Domestic “Hundred Talents Program”	项目“百人计划” Project “Hundred Talents Program”	自筹“百人计划” Self-financing “Hundred Talents Program”	海外知名学者 Introduce overseas celebrated scholars
合计	**2838**	**1866**	**370**	**145**	**33**	**424**
1994	14		14			
1995	20		20			
1996	28		28			
1997	88	19	69			
1998	104	72	32			
1999	115	102	13			
2000	203	190	13			
2001	133	105	11			17
2002	134	86	23			25
2003	92	75	9			8
2004	236	156	19			61
2005	292	162	17			113
2006	90	80	10			
2007	59	57	2			
2008	254	147	15	33		59
2009	299	176	10	45		68
2010	289	160	5	51		73
2011	142	111	3	13	15	
2012	246	168	57	3	18	

注：1. “百人计划”是我院引进优秀人才计划的总称，从 1997 年起，它分为“引进国外杰出人才”计划和国内“百人计划”两部分；从 2001 年起，增设“海外知名学者”计划；从 2007 年起增设项目“百人计划”；2011 年开始正式设立自筹“百人计划”。

Note: “Hundred Talents Program” is a general term for the recuitment of excellent talents to CAS. Since 1997, it has been expanded into two forms of the programs: “Outstanding Talents from aboard” and “Domestic Hundred Talents Program”. Two another programs were added into it. One is called “Established Overseas Sholars” created in 2001, and the other is called “Project-Based Hundred Talents Program” established in 2007. Beginning in 2011 the formal establishment of Self-financing “HTP”.

2. 以上数据为各年度招聘数据，含在过程中已被取消“百人计划”资格的人员。

The above data for the annual recruitment data, including in the process has been cancelled “Hundred Talents Program” qualified personnel.

7-10 中国科学院“百人计划”各单位招聘情况
Status on the Recruitment of CAS Hundred Talents Program, by Institution

单 位 Unit	招聘人数 Recruited Talents
总 计 Total	**2838**
北京市、天津市 Beijing and Tianjin	1092
数学与系统科学研究院 Academy of Mathematics and Systems Science	43
物理研究所 Inst. of Physics	92
声学研究所 Inst. of Acoustics	18
理论物理研究所 Inst. of Theoretical Physics	21
理化技术研究所 Technical Inst. of Physics and Chemistry	29
高能物理研究所 Inst. of High Energy Physics	43
国家天文台 National Astronomical Observatories of China	35
力学研究所 Inst. of Mechanics	21
化学研究所 Inst. of Chemistry	80
生态环境研究中心 Research Center for Eco-Environmental Sciences	30
国家纳米科学中心 National Center for Nanoscience and Technology	19
过程工程研究所 Inst. of Process Engineering	30
地理科学与资源研究所 Inst. of Geographic Sciences and Natural Resources Research	35
青藏高原研究所 Inst.of Qinghai-Tibet Plateau	18
地质与地球物理研究所 Inst. of Geology and Geophysics	29
古脊椎动物与古人类研究所 Inst. of Vertebrate Paleontology and Paleoanthropology	11
大气物理研究所 Inst. of Atmospheric Physics	29

续表 7-10

单 位 Unit	招聘人数 Recruited Talents
遥感与数字地球研究所 Inst. of Remote Sensing and Digital Earth	13
植物研究所 Inst. of Botany	42
动物研究所 Inst. of Zoology	38
心理研究所 Inst. of Psychology	16
微生物研究所 Inst. of Microbiology	40
生物物理研究所 Inst. of Biophysics	40
遗传与发育生物学研究所 Inst. of Genetics and Developmental Biology	59
北京基因组研究所 Beijing Inst. of Genetics	18
计算技术研究所 Inst. of Computing Technology	18
软件研究所 Inst. of Software	10
信息工程研究所 Inst. of Information Engineering	3
半导体研究所 Inst. of Semiconductors	25
微电子研究所 Inst. of Microelectronics	29
电子学研究所 Inst. of Electronics	15
光电研究院 Academy of Opto-Electronics	3
电工研究所 Inst. of Electrical Engineering	13
工程热物理研究所 Inst. of Engineering Thermophysics	14
空间科学与应用研究中心 Center for Space Science and Applied Research	15
自动化研究所 Inst. of Automation	26
对地观测与数字地球科学中心 Center for Earth Observation and Digital Earth	1
自然科学史研究所 Inst. of History of Natural Sciences	2

续表 7-10

单 位 Unit	招聘人数 Recruited Talents
中国科学院大学 University of CAS	48
北京生命科学研究院 National Inst. of Biological Sciences, Beijing	1
天津工业生物技术研究所 Tianjin Inst. of Industrial Biotechnology	19
计算机网络信息中心 Computer Network Information Center	1
山西省 Shanxi Province	11
山西煤炭化学研究所 Shanxi Inst. of Coal Chemistry	11
辽宁省、山东省 Liaoning and Shandong Provinces	213
大连化学物理研究所 Dalian Inst. of Chemical Physics	71
沈阳应用生态研究所 Shenyang Inst. of Applied Ecology	20
沈阳自动化研究所 Shenyang Inst. of Automation	10
金属研究所 Inst. of Metals Research	51
海洋研究所 Inst. of Oceanology	32
青岛生物能源与过程研究所 QingDao Inst. of BioEnergy and BioProcess Technology	18
烟台海岸带研究所 Yantai Inst. Of Coastal Zone Research	11
吉林省 Jilin Province	85
长春应用化学研究所 Changchun Inst. of Applied Chemistry	47
东北地理与农业生态研究所 Northeast Inst. of Geography and Agroecology	18
长春光学精密机械与物理研究所 Changchun Inst. of Optics，Fine Mechanics and Physics	20
上海市、福建省 Shanghai,Fujian Provinces	506
上海应用物理研究所 Shanghai Inst. of Applied Physics	21
上海天文台 Shanghai Observatory	20
上海硅酸盐研究所 Shanghai Inst. of Ceramics	37

续表 7-10

单　位 Unit	招聘人数 Recruited Talents
上海有机化学研究所 Shanghai Inst. of Organic Chemistry	41
上海生命科学研究院 Shanghai Institutes for Biological Sciences	188
上海药物研究所 Shanghai Inst. of Materia Medica	18
上海巴斯德研究所 Inst. Pasteur of Shanghai	11
上海微系统与信息技术研究所 Shanghai Inst. of Microsystem and Information Technology	27
上海光学精密机械研究所 Shanghai Inst. of Optics and Fine Mechanics	36
上海技术物理研究所 Shanghai Inst. of Technical Physics	19
福建物质结构研究所 Fujian Inst. of Research on the Structure of Matter	34
城市环境研究所 Inst. of Urban Invironment	13
上海高等研究院 Shanghai Advanced Research Institute	11
宁波材料技术与工程研究所 Ningbo Inst. of Materials Technology and Engineering	30
江苏省 Jiangsu Province	94
紫金山天文台 Purple Mountain Observatory	19
南京地理与湖泊研究所 Nanjing Inst. of Geography and Limnology	10
南京地质古生物研究所 Nanjing Inst. of Geology and Palaeontology	12
南京土壤研究所 Nanjing Inst. of Soil Science	18
苏州生物医学工程技术研究所 Suzhou Inst. of Biomedical Engineering and Technology	7
苏州纳米技术与纳米仿生研究所 Suzhou Inst. of Nano-Tech and Nano-Bionics	28
安徽省 Anhui Province	226
合肥物质科学研究院 Hefei Institutes of Physical Sciences	57
中国科学技术大学 University of Science and Technology of China	169

续表 7-10

单　位 Unit	招聘人数 Introduced talents
湖北省、湖南省 Hubei and Hunan Provinces	102
武汉物理与数学研究所 Wuhan Inst. of Physics and Mathematics	35
武汉岩土力学研究所 Wuhan Inst. of Rock and Soil Mechanics	12
武汉植物园 Wuhan Botanical Garden	16
水生生物研究所 Inst. of Hydrobiology	23
武汉病毒研究所 Wuhan Inst. of Virology	13
测量与地球物理研究所 Inst.of Geodesy and Geophysics	3
广东省 Guangdong Province	150
广州地球化学研究所 Guangzhou Inst. of Geochemistry	27
南海海洋研究所 South China Sea Inst. of Oceanology	31
华南植物园 South China Botanical Garden	15
广州能源研究所 Guangzhou Inst. of Energy Conversion	18
亚热带农业生态研究所 Inst. of Subtropical Agriculture	10
中科院广州化学有限公司 CAS Guangzhou Chemistry Co., Ltd.	2
深圳先进技术研究院 Shenzhen Institutes of Advanced Technology	26
广州生物医药与健康研究院 Guangzhou Institutes of Biomedicine and Health	21
四川省、重庆市 Sichuan Province and Chongqing	44
成都山地灾害与环境研究所 Chengdu Inst. of Mountain Hazards and Environment	9
成都生物研究所 Chengdu Inst. of Biology	14
光电技术研究所 Inst. of Optics and Electronics	11
国家科学图书馆成都分馆（筹） The Chengdu Branch of the National Science Library	1

续表 7-10

单　位 Unit	招聘人数 Recruited Talents
中科院成都信息技术有限公司 CAS Chengdu Information Technology Co., Ltd.	1
中国科学院成都有机化学有限公司 CAS Chengdu Organic Chemistry Co., Ltd.	5
重庆绿色智能技术研究院 Chongqing Inst. of Green and Intelligent Technology	3
云南省、贵州省 　　Yunnan and Guizhou Provinces	78
昆明植物研究所 Kunming Inst. of Botany	18
西双版纳热带植物园 Xishuangbanna Tropical Botanical Garden	10
昆明动物研究所 Kunming Inst. of Zoology	20
地球化学研究所 Inst. of Geochemistry	30
陕西省 　　Shaanxi Province	57
西安光学精密机械研究所 Xi'an Inst. of Optics and Precision Mechanics	26
地球环境研究所 Inst. of Earth Environment	9
水土保持与生态环境研究中心 Research Center of Soil of Water Conservation and Eco-Environmental Science	18
国家授时中心 National Time Service Center	4
甘肃省、青海省 　　Gansu and Qinghai Provinces	137
近代物理研究所 Inst. of Modern Physics	33
兰州化学物理研究所 Lanzhou Inst. of Chemical Physics	34
寒区旱区环境与工程研究所 Cold and Arid Regions Environmental and Engineering Research Inst.	43
兰州油气资源研究中心 Lanzhou Center for Oil and Gas Resources	3
青海盐湖研究所 Qinghai Inst. of Saline Lakes	13
西北高原生物研究所 Northwest Inst. of Plateau Biology	11
新疆维吾尔自治区 　　Xinjiang Uygur Autonomous Region	42
新疆理化技术研究所 Xinjiang Technical Inst. of Physics and Chemistry	20

续表 7-10

单　位 Unit	招聘人数 Recruited Talents
新疆生态与地理研究所 Xinjiang Inst. of Ecology and Geography	22
海南省 Hainan Province	1
三亚深海科学与工程研究所（筹） Sanya Inst. of Deep-sea Science and Engineering	1

7-11　中国科学院“千人计划”招聘情况
Status on the Recruitment of CAS Thousand Talents Program

年份 Year	招聘人数 Number of scholars selected	招聘类别 Types for selection	
		“千人计划”长/短期项目 The Innovative Talents Recruitment Program (Long Term/Short Term)	“青年千人计划” Recruitment Program of Young Professionals
合计	**317**	**167**	**150**
2009	40	40	
2010	57	57	
2011	61	22	39
2012	159	48	111

注：“千人计划”是我国引进海外高层次人才计划的总称，2008 年起实施。2010 年起增设“千人计划”短期项目；2011 年起增设“青年千人计划”。

Note: China initiated “the Recruitment Program of Global Experts” (known as “the Thousand Talents Plan”) since the end of 2008, under which it would bring in overseas top talents to China over the next five to ten years. In 2010, the additional subproject for short-term program was carried out, and two other additional subprojects were also launched in the next year, which is “Recruitment Program of Young Professionals” , respectively.

7-12 中国科学院“千人计划”各单位招聘情况

Status on the Recruitment of CAS Thousand Talents Program, by Institution

单 位 Unit	招聘人数 Recruited Talents
总 计 Total	**159**
北京市 Beijing	46
数学与系统科学研究院 Academy of Mathematics and Systems Science	1
物理研究所 Inst. of Physics	6
理论物理研究所 Inst. of Theoretical Physics	2
高能物理研究所 Inst. of High Energy Physics	2
国家天文台 National Astronomical Observatories of China	2
力学研究所 Inst. of Mechanics	1
化学研究所 Inst. of Chemistry	1
国家纳米科学中心 National Center for Nano Science and Technology of China	2
地质与地球物理研究所 Inst. of Geology and Geophysics	1
古脊椎动物与古人类研究所 Inst. of Vertebrate Paleontology and Paleoanthropology	1
大气物理研究所 Inst. of Atmospheric Physics	2
植物研究所 Inst. of Botany	3
动物研究所 Inst. of Zoology	3
微生物研究所 Inst. of Microbiology	2

续表 7-12

单　位 Unit	招聘人数 Recruited Talents
生物物理研究所 Inst. of Biophysics	4
遗传与发育生物学研究所 Inst. of Genetics and Developmental Biology	1
北京基因组研究所 Beijing Inst. of Genetics	2
计算技术研究所 Inst. of Computing Technology	1
半导体研究所 Inst. of Semiconductors	3
电子学研究所 Inst. of Electronics	1
工程热物理研究所 Inst. of Engineering Thermophysics	2
空间科学与应用研究中心 Center for Space Science and Applied Research	2
中国科学院大学 University of CAS	1
辽宁省、山东省 Liaoning and Shandong Provinces	5
大连化学物理研究所 Dalian Inst. of Chemical Physics	1
沈阳应用生态研究所 Shenyang Inst. of Applied Ecology	1
沈阳科学仪器股份有限公司 Shenyang Scientific Instrument Development Co., Ltd.	1
青岛生物能源与过程研究所 QingDao Inst. of BioEnergy and BioProcess Technology	1
烟台海岸带研究所 Yantai Inst. of Coastal Zone Research	1
吉林省 Jilin Province	4
长春应用化学研究所 Changchun Inst. of Applied Chemistry	3
东北地理与农业生态研究所 Northeast Inst. of Geography and Agroecology	1

续表 7-12

单　位 Unit	招聘人数 Recruited Talents
上海市、浙江省 Shanghai and Zhejiang Province	33
上海硅酸盐研究所 Shanghai Inst. of Ceramics	1
上海有机化学研究所 Shanghai Inst. of Organic Chemistry	3
上海生命科学研究院 Shanghai Institutes for Biological Sciences	13
上海药物研究所 Shanghai Inst. of Materia Medica	4
上海巴斯德研究所 Inst. Pasteur of Shanghai	1
上海微系统与信息技术研究所 Shanghai Inst. of Microsystem and Information Technology	4
上海光学精密机械研究所 Shanghai Inst. of Optics and Fine Mechanics	1
上海高等研究院 Shanghai Advanced Research Institute	1
宁波材料技术与工程研究所 Ningbo Inst. of Materials Technology and Engineering	5
江苏省 Jiangsu Province	8
紫金山天文台 Purple Mountain Observatory	1
苏州纳米技术与纳米仿生研究所 Suzhou Inst. of Nano-Tech and Nano-Bionics	7
安徽省 Anhui Province	48
合肥物质科学研究院 Hefei Institutes of Physical Sciences	2
中国科学技术大学 University of Science and Technology of China	46
湖北省 Hubei Province	4
武汉岩土力学研究所 Wuhan Inst. of Rock and Soil Mechanics	2

续表 7-12

单　位 Unit	招聘人数 Recruited Talents
测量与地球物理研究所 Inst.of Geodesy and Geophysics	2
广东省 Guangdong Province	7
南海海洋研究所 South China Sea Inst. of Oceanology	2
深圳先进技术研究院 Shenzhen Institutes of Advanced Technology	5
云南省 Yunnan Province	4
昆明植物研究所 Kunming Inst. of Botany	2
昆明动物研究所 Kunming Inst. of Zoology	2

八、专利、科技论文、获奖成果

PATENTS, PUBLICATIONS AND AWARD-WINNING ACHIEVEMENTS

8-1 专利申请受理量及授权量

Number of Patents Applied and Granted

单位：件 (item)

年 份 Year	申请量 Applied					授权量 Granted				
	合计 Total	发 明 Invention	实用新型 Utility model	外观设计 Exterior design	国外 overseas	合计 Total	发 明 Invention	实用新型 Utility model	外观设计 Exterior design	国外 overseas
1985~1990	1607	988	619			790	371	419		
1991	298	190	107	1		168	89	79		
1992	367	228	139			212	105	107		
1993	414	262	150	2		255	104	150	1	
1994	453	269	182	2		197	81	112	4	
1995	499	301	195	3		224	86	137	1	
1996	791	467	318	6		192	86	105	1	
1997	945	589	333	23		257	93	160	4	
1998	1059	694	346	19		264	76	176	12	
1999	1127	775	340	12		472	108	360	4	
2000	1701	1218	468	15		802	442	352	8	
2001	2010	1491	477	7	35	920	449	453	12	6
2002	2523	1945	502	19	57	1006	583	413	5	5
2003	3263	2617	578	15	53	1534	1055	450	17	12
2004	3595	2944	567	35	49	2048	1484	521	29	14
2005	3960	3328	492	79	61	1959	1498	429	21	11
2006	4092	3510	487	11	84	2111	1536	517	45	13
2007	4424	3907	426	6	85	2197	1659	508	12	18
2008	5616	4826	582	20	188	2665	2072	554	11	28
2009	6222	5481	529	8	204	3167	2579	539	15	34
2010	7527	6608	568	21	330	3406	2731	604	13	58
2011	9487	8178	729	52	528	4522	3744	659	46	73
2012	11028	9644	741	31	612	5974	5017	825	33	99

8-2 专利申请受理量及授权量（2012年，按申请量排序）

Number of Patents Applied and Granted: 2012 (By the order of number of patents applied)

单位：件 (item)

机构名称 Institution	申请量 Applied					授权量 Granted				
	合计 Total	发明 Invention	实用新型 Utility model	外观设计 Exterior design	国外 Overseas	合计 Total	发明 Invention	实用新型 Utility model	外观设计 Exterior design	国外 Overseas
总计 Total	**11028**	**9644**	**741**	**31**	**612**	**5974**	**5017**	**825**	**33**	**99**
微电子研究所 Inst. of Microelectronics	874	643	40		191	164	132	22	2	8
大连化学物理研究所 Dalian Inst. of Chemical Physics	709	639	19		51	219	189	17		13
深圳先进技术研究院 Shenzhen Institutes of Advanced Technology	571	506	45	7	13	116	89	24	1	2
中国科学技术大学 University of Science and Technology of China	343	297	30		16	210	174	32	1	3
长春光学精密机械与物理研究所 Changchun Inst. of Optics，Fine Mechanics and Physics	299	299				219	219			
宁波材料技术与工程研究所 Ningbo Inst. of Material Technology and Engineering	293	247	33		13	137	116	20		1
合肥物质科学研究院 Hefei Institutes of Physical Science	290	261	26	2	1	149	113	36		
上海微系统与信息技术研究所 Shanghai Inst. of Microsystem and Information Technology	282	242	2		38	138	129	2		7
长春应用化学研究所 Changchun Inst. of Applied Chemistry	278	274			4	192	190	1		1
半导体研究所 Inst. of Semiconductors	271	257	11		3	205	204	1		
过程工程研究所 Inst. of Process Engineering	271	256	3		12	144	128	10		6
声学研究所 Inst. of Acoustics	268	239	16	8	5	184	154	15	13	2
化学研究所 Inst. of Chemistry	261	232	1		28	165	155	3		7
上海硅酸盐研究所 Shanghai Inst. of Ceramics	245	230	6		9	162	147	12		3
西安光学精密机械研究所 Xi'an Inst. of Optics and Precision Mechanics	237	142	95			144	67	76	1	
自动化研究所 Inst. of Automation	230	202			28	157	153	4		

机构名称 Institution	申请量 Applied					授权量 Granted				
	合计 Total	发 明 Invention	实用新型 Utility model	外观设计 Exterior design	国外 Overseas	合计 Total	发 明 Invention	实用新型 Utility model	外观设计 Exterior design	国外 Overseas
光电技术研究所 Inst. of Optics and Electronics	223	218		2	3	142	133	4	1	4
理化技术研究所 Technical Inst. of Physics and Chemistry	214	202	7		5	129	120	7		2
沈阳自动化研究所 Shenyang Inst. of Automation	214	166	40	4	4	104	66	37	1	
金属研究所 Inst. of Metal Research	206	175	27		4	144	118	26		
电工研究所 Inst. of Electrical Engineering	184	172	5		7	86	83	2		1
上海光学精密机械研究所 Shanghai Inst. of Optics and Fine Mechanics	183	169	7		7	63	60	3		
苏州纳米技术与纳米仿生研究所 Suzhou Inst. of Bio-Tech and Nano-Bionics	167	164	1		2	60	52	8		
计算技术研究所 Inst. of Computing Technology	154	149	1		4	157	152	2		3
上海技术物理研究所 Shanghai Inst. of Technical Physics	145	108	37			73	44	29		
上海生命科学研究院 Shanghai Institutes for Biological Sciences	143	118			25	66	61			5
福建物质结构研究所 Fujian Inst. of Research on the Structure of Matter	139	129	6		4	52	40	12		
工程热物理研究所 Inst. of Engineering Thermophysics	132	94	31	1	6	66	32	31	3	
上海药物研究所 Shanghai Inst. of Materia Medica	109	80			29	73	56			17
广州能源研究所 Guangzhou Inst. of Energy Conversion	107	81	16		10	107	66	41		
上海高等研究院 Shanghai Advanced Research Institute.	105	97	7		1	11	2	7	2	
海洋研究所 Inst. of Oceanology	102	92	10			73	68	5		
物理研究所 Inst. of Physics	98	87	5		6	87	75	9		3

机构名称 Institution	申请量 Applied					授权量 Granted				
	合计 Total	发 明 Invention	实用新型 Utility model	外观设计 Exterior design	国外 Overseas	合计 Total	发 明 Invention	实用新型 Utility model	外观设计 Exterior design	国外 Overseas
遗传与发育生物学研究所 Inst. of Genetics and Developmental Biology	96	84	4		8	62	54	8		
兰州化学物理研究所 Lanzhou Inst. of Chemical Physics	94	86			8	35	34	1		
电子学研究所 Inst. of Electronics	90	88	1	1		70	68	1		1
生态环境研究中心 Research Center for Eco-Environmental Sciences	89	85	4			38	36	2		
微生物研究所 Inst. of Microbiology	77	77				54	52	1		1
国家纳米科学中心 National Center for Nanoscience and Technology	75	69	3		3	30	27	2		1
山西煤炭化学研究所 Shanxi Inst. of Coal Chemistry	73	69	4			61	56	5		
中科院广州化学有限公司 CAS Guangzhou Chemistry Co., Ltd.	68	68				48	48			
计算机网络信息中心 Computer Network Information Center	64	53	1		10	7	7			
南海海洋研究所 South China Sea Inst. of Oceanology	63	52	3		8	48	43	3		2
新疆理化技术研究所 Xinjiang Technical Inst. of Physics and Chemistry	63	63				43	42	1		
沈阳应用生态研究所 Shenyang Inst. of Applied Ecology	62	53	7		2	52	47	5		
地质与地球物理研究所 Inst. of Geology and Geophysics	60	48	8		4	42	33	9		
上海有机化学研究所 Shanghai Inst. of Organic Chemistry	58	50			8	60	59			1
中国科学院沈阳科学仪器股份有限公司 CAS Shenyang Scientific Instrument Co., Ltd.	58	46	12			34	10	24		
软件研究所 Inst. of Software	57	55			2	54	53	1		

续表 8-2

机构名称 Institution	申请量 Applied					授权量 Granted				
	合计 Total	发 明 Invention	实用新型 Utility model	外观设计 Exterior design	国外 Overseas	合计 Total	发 明 Invention	实用新型 Utility model	外观设计 Exterior design	国外 Overseas
青岛生物能源与过程研究所 Qingdao Inst. of Bioenergy and Bioprocess Technology	57	51	6			25	24	1		
烟台海岸带研究所 Yantai Inst. of Coastal Zone Research	53	48	5			19	17	2		
高能物理研究所 Inst. of High Energy Physics	53	46	6		1	26	18	7		1
南京土壤研究所 Nanjing Inst. of Soil Science	47	40	6		1	36	27	9		
信息工程研究所 Inst. of Information Engineering	47	45	2			4	1	3		
城市环境研究所 Inst. of Urban Environment	45	34	11			2		2		
力学研究所 Inst. of Mechanics	45	44	1			27	26	1		
武汉岩土力学研究所 Wuhan Inst. of Rock and Soil Mechanics	44	34	10			60	43	16	1	
广州生物医药与健康研究院 Guangzhou Institutes of Biomedicine and Health	43	35	4	2	2	30	29		1	
寒区旱区环境与工程研究所 Cold and Arid Regions Environmental and Engineering Research Inst.	43	32	11			32	6	26		
空间科学与应用研究中心 Center for Space Science and Applied Research	43	40			3	24	24			
新疆生态与地理研究所 Xinjiang Inst. of Ecology and Geography	42	34	8			25	18	7		
植物研究所 Inst. of Botany	41	39	1		1	48	47	1		
昆明植物研究所 Kunming Inst. of Botany	39	38	1			40	38			2
中国科学院成都有机化学有限公司 CAS Chengdu Organic Chemistry Co., Ltd.	39	39				8	8			
苏州生物医学工程技术研究所 Suzhou Inst. of Biomedical Engineering and Technology	39	33	5	1		15	3	12		

续表 8-2

机构名称 Institution	申请量 Applied					授权量 Granted				
	合计 Total	发 明 Invention	实用新型 Utility model	外观设计 Exterior design	国外 Overseas	合计 Total	发 明 Invention	实用新型 Utility model	外观设计 Exterior design	国外 Overseas
东北地理与农业生态研究所 Northeast Inst. of Geography and Agroecology	39	36	3			25	14	10	1	
中国科学院大学 University of CAS	39	35	4			7	7			
光电研究院 Academy of Opto-Electronics	33	21	10		2	18	6	11		1
东北地理与农业生态研究所农业技术中心 Northeast Inst. of Geography and Agroecology(Harbin)	31	30	1			24	24			
成都山地灾害与环境研究所 Chengdu Inst. of Mountain Hazards and Environment	30	22	7		1	23	12	11		
天津工业生物技术研究所 Tianjin Inst. of Industrial Biotechnology	30	30				8	8			
成都生物研究所 Chengdu Inst. of Biology	27	24	3			32	28	4		
昆明动物研究所 Kunming Inst. of Zoology	27	27				11	7	4		
南京地理与湖泊研究所 Nanjing Inst. of Geography and Limnology	26	22	4			23	11	12		
广州地球化学研究所 Guangzhou Inst. of Geochemistry	26	19	2		5	28	18	10		
武汉物理与数学研究所 Wuhan Inst. of Physics and Mathematics	26	20	4		2	18	15	3		
青海盐湖研究所 Qinghai Inst. of Salt Lakes	25	25				20	16	4		
上海应用物理研究所 Shanghai Inst. of Applied Physics	25	23	2			39	16	23		
对地观测与数字地球科学中心 Center for Earth Observation and Digital Earth	24	20	4			10	8	2		
西北高原生物研究所 Northwest Inst. of Plateau Biology	24	24				25	24	1		
重庆绿色智能技术研究院 Chongqing Inst. of Green and Intelligent Technology	24	21	3							
近代物理研究所 Inst. of Modern Physics	23	15	8			18	10	8		

续表 8-2

机构名称 Institution	申请量 Applied					授权量 Granted				
	合计 Total	发明 Invention	实用新型 Utility model	外观设计 Exterior design	国外 Overseas	合计 Total	发明 Invention	实用新型 Utility model	外观设计 Exterior design	国外 Overseas
生物物理研究所 Inst. of Biophysics	22	21	1			17	14	2		1
紫金山天文台 Purple Mountain Observatory	21	21				11	11			
北京基因组研究所 Beijing Inst. of Genomics	20	18	1		1	5	3	2		
地理科学与资源研究所 Inst. of Geographic Sciences and Natural Resources Research	20	17	3			21	12	9		
国家天文台南京天文光学技术研究所 Nanjing Inst. of Astronomical Optics & Technology,National Astronomical Observatories	20	17	2		1	6	6			
华南植物园 South China Botanical Garden	18	14	1		3	12	12			
国家授时中心 National Time Service Center	18	13	5			11	8	3		
亚热带农业生态研究所 Inst. of Subtropical Agriculture	18	18				14	14			
中国科学院沈阳计算技术研究所有限公司 CAS Shenyang Inst. of Computing Technology Co., Ltd.	17	17				14	9	5		
水生生物研究所 Inst. of Hydrobiology	17	13	4			18	13	5		
北京中科科仪股份有限公司 KYKY Technology Co., Ltd.	15	10	2		3	12	4	6	2	
动物研究所 Inst. of Zoology	13	11	1		1	8	6	2		
国家天文台 National Astronomical Observatories of China	12	11	1			24	21	3		
大气物理研究所 Inst. of Atmospheric Physics	11	8		3						
上海巴斯德研究所 Institut Pasteur of Shanghai	11	9			2	1	1			
遥感与数字地球研究所 Inst. of Remote Sensing and Digital Earth	11	11				16	11	5		
武汉植物园 Wuhan Botanical Garden	10	10				17	17			

续表 8-2

机构名称 Institution	申请量 Applied					授权量 Granted				
	合计 Total	发明 Invention	实用新型 Utility model	外观设计 Exterior design	国外 Overseas	合计 Total	发明 Invention	实用新型 Utility model	外观设计 Exterior design	国外 Overseas
南京中科天文仪器有限公司 CAS Nanjing Astronomic Instrument Co., Ltd.	10	6	4			4	2	2		
地质与地球物理研究所兰州油气资源研究中心 Lanzhou Center for Oil and Gas Resources，Inst. of Geology and Geophysics	8	7	1			1	1			
武汉病毒研究所 Wuhan Inst. of Virology	8	8				14	14			
中科院成都信息技术有限公司 CAS Chengdu Information Technology Co., Ltd.	7	4	3			15	5	7	3	
西双版纳热带植物园 Xishuangbanna Tropical Botanical Garden	5	5				10	8	2		
心理研究所 Inst. of Psychology	5	4			1	2	2			
云南天文台 Yunnan Astronomical Observatory	5	4	1			6	3	3		
地球化学研究所 Inst. of Geochemistry	3	3				2	2			
数学与系统科学研究院 Academy of Mathematics and Systems Science	3	3								
中科院广州电子技术有限公司 CAS Guangzhou Electronics Technology Co., Ltd.	3	1	2			7		7		
成都中科唯实仪器有限责任公司 CAS Chengdu Wish Instrument Co., Ltd.	2		2			3		3		
南京地质古生物研究所 Nanjing Inst. of Geology and Palaeontology	1	1				1		1		
上海天文台 Shanghai Astronomical Observatory	1		1			5	2	3		
测量与地球物理研究所 Inst. of Geodesy and Geophysics						8	7	1		
地球环境研究所 Inst. of Earth Environment						2		2		
青藏高原研究所 Inst. of Tibetan Plateau Research						1		1		

8-3 科技论文的发表及被引用情况

S&T Publications and Citations

年 份 Year	被国际上收录（篇）Catalogued by major international indexes (article)	SCIE 论文 Catalogued by SCIE (article)	SCI 论文被引用 Cited internationally		国内刊物发表（篇）Publications in domestic journals (article)
			篇 (article)	次 (time)	
1988	2212	1713			5458
1989	1740	1270			6099
1990	2097	1611	1568		6430
1991	2304	1690	1217	2440	6671
1992	2642	1724	1943	3898	7170
1993	3539	1877	2284	4393	6754
1994	4064	1993	2318	4286	7038
1995	4614	2276	2615	5033	7424
1996	4219	2224	2943	5727	7813
1997	5500	2926	3436	6724	8175
1998	5478	3277	3815	7534	8593
1999	8249	5376	4250	8582	9526
2000	9186	6063	5219	11046	10299
2001	10165	6725	6135	13658	11022
2002	11740	7611	7756	17624	11181
2003	14516	8632	9772	24746	12169
2004	15738	9500	9860	24746	12790
2005	22257	11952	15053	41934	13826
2006	23589	12392	17620	51926	14654
2007	24045	12423	19853	62007	13872
2008	26569	13761	23284	78600	13673
2009	26104	14202	24995	96405	13395
2010	30586	15655	25604	81489	12846
2011	29440	16550	29456	113802	10774

资料来源：中国科技信息研究所信息分析研究中心（表 8-3，表 8-4）。

Source: Center for Information Analysis, Institute of S&T Information of China (Table 8-3 and Table 8-4).

注：1. 被国际收录的论文数据采集自美国的三种在国际上颇有影响的检索工具，即《科学引文索引》、《工程索引》和《科学技术会议索引》，国内论文数据直接取自选作统计源的国内科技期刊（2011 年为 1998 种）。

Note: Data in "Papers catalogued by major international indexes" are from SCI, EI and ISTP, and data in "Publications in domestic journals" are selected directly from domestic S&T journals (1998 journals in 2011) which are taken as the source.

2. SCI 论文被引用情况是指 SCI 引文数据库前 5 年收录的论文情况在第六年被引用的统计，例，2011 年 SCI 被引用是指 2006~2010 年被收录的论文在 2011 年被引用的情况，2010 年 SCI 论文被引用情况是指 2005~2009 年被收录的论文在 2010 年被引用的情况。其他年份依次类推。

Citation in the sixth year of papers quoted during the previous five years. For instance,citation in 2011 of papers quoted in 2006~2010, citation in 2010 of papers quoted in 2005~2009.The rest of the years is on this analogy.

3. 自 1999 年此表《SCI》论文检索数据源由光盘版改为扩展版《SCIE》。

Since 1999, SCI data in the table came from the network of SCIE instead of the light disk.

8-4 科技论文的发表及被引用情况（2011 年）

S&T Publications and Citations: 2011

	被国际上收录（篇）Catalogued by major international indexes (article)		SCI 论文被引用 Cited internationally		国内刊物发表（篇）Publications in domestic journals (article)
		SCIE 论文 Catalogued by SCIE (article)	篇 (article)	次 (time)	
总　计 Total	**29440**	**16550**	**29456**	**113802**	**10774**
一、按学科分 By discipline					
数学 Mathematics	809	260	235	469	70
信息科学与系统科学 Information science & systems science	144	49	14	53	113
力学 Mechanics	852	73	54	114	86
物理学 Physics	4434	2627	3800	12294	540
化学 Chemistry	4994	3745	11052	55348	555
天文学 Astronomy	535	447	1036	3445	122
地球科学 Earth sciences	1633	1167	1901	5726	1353
生物学 Biologcal sciences	2512	1977	3994	13076	939
预防医学 Preventive medicine	45	44	33	96	20
基础医学 Basic medical science	494	473	627	2388	79
药学 Pharmacy	320	303	286	958	40
临床医学 Clinical medicine	189	181	189	791	62
中医学 Chinese herbal medicine	13	13	31	76	95

续表 8-4

	被国际上收录（篇）Catalogued by major international indexes (article)	SCIE 论文 Catalogued by SCIE (article)	SCI 论文被引用 Cited internationally		国内刊物发表（篇）Publications in domestic journals (article)
			篇 (article)	次 (time)	
军事医学与特种医学 Military medicine & special medicine	3	3	5	12	6
农学 Agronomy	424	353	398	1099	667
林学 Forestry	53	53	77	163	130
畜牧兽医 Animal husbandry & veterinary medicine	10	10	10	18	62
水产 Fishery	209	209	203	556	71
测绘技术 Mapping technology	54				127
材料科学 Material sciences	3158	1532	2163	6586	202
工程与技术基础学科 Basic engineering and technology	622	299	117	342	143
矿业 Mining	25	9	21	103	24
能源科学技术 Energy science & technology	580	313	177	563	98
冶金、金属 Metallurgy & metal	453	221	31	106	143
机械工程 Mechanical engineering	653	154	157	344	298
动力与电气 Dynamics & electrical engineering	346	5	4	4	254
核科学技术 Nuclear science & technology	93	53	51	149	113
电子、通讯与自动控制 Electrnics, communication & automation control technology	1760	172	373	848	943
计算科学技术 Computer science & technology	954	265	156	385	1290

续表 8-4

	被国际上收录（篇）Catalogued by major international indexes (article)	SCIE 论文 Catalogued by SCIE (article)	SCI 论文被引用 Cited internationally 篇 (article)	SCI 论文被引用 Cited internationally 次 (time)	国内刊物发表（篇）Publications in domestic journals (article)
化工 Chemical engineering	490	223	378	1295	268
轻工纺织 Light industry & textile	4				12
食品 Food (salty)	114	78	42	116	30
土木建筑 Civil engineering	643	9	30	105	195
水利 Water conservancy	147	78	29	55	51
交通运输 Transportation	58	6			45
航空航天 Space and astronautics	73	5	40	67	206
安全科学技术 Safty science technology	48	13	4	5	4
环境科学 Environmental science & technology	1287	1077	1718	6004	763
管理学 Mangement	156	21	8	24	41
其他 Others	49	30	12	19	514
二、按单位分 By unit					
（一）院直属事业单位 Institution					
北京分院（筹）Beijing Branch	10551	5886	10370	40679	3687
沈阳分院 Shenyang Branch	2495	1429	2840	12040	760
长春分院 Changchun Branch	1952	932	2022	10060	793
上海分院 Shanghai Branch	4025	2376	5115	19880	698

续表 8-4

	被国际上收录（篇）Catalogued by major international indexes (article)	SCIE 论文 Catalogued by SCIE (article)	SCI 论文被引用 Cited internationally 篇 (article)	次 (time)	国内刊物发表（篇）Publications in domestic journals (article)
南京分院 Nanjing Branch	577	388	593	1687	409
合肥物质科学研究院 Hefei Institutes of Physical Sciences	1005	499	690	3273	278
武汉分院 Wuhan Branch	793	477	740	1935	356
广州分院 Guangzhou Branch	1195	754	1002	3433	578
成都分院 Chengdu Branch	478	227	224	584	301
昆明分院 Kunming Branch	623	509	940	2410	336
西安分院 Xi'an Branch	483	198	208	607	153
兰州分院 Lanzhou Branch	1178	663	1041	3279	581
新疆分院 Xinjiang Branch	215	142	115	278	377
中国科学院本部 CAS Headquarters	51	28	22	52	16
（二）学校及公共支撑单位 Universitites and Public Supporting Institute	3762	2012	3527	13594	1308
（三）与中国科学院共建单位 With the Chinese Academy of Sciences Build Units Institute	57	30	7	11	143

注：论文的学科分类是以论文所属学科，按国家标准《学科分类与代码》（GB/T13745—1992）进行的分类统计。

Note: Papers are classified by disciplins.The statistics are based on the discipline classification of the state standards (GB/T13745—1992).

8-5 科技论文在国内重要期刊上发表及被引用情况

S&T Papers Published and Cited by Major Domestic Journals

年 份 Year	国内期刊发表数（篇） Papers published in domestic journals (article)	其中： NSFC 基金论文数（篇） NSFC papers (article)	在国内被引用 Cited domestically	
			篇 (article)	次 (time)
1990	4738	1215		
1991	4780	1342		
1992	5025	1570		
1993	4826	1611		
1994	4931	1783	2164	2968
1995	5092	1848	2309	3141
1996	6592	2331	2989	3911
1997	7261	2680	3455	4701
1998	7291	4016	3998	5316
1999	8301	3353	5466	8028
2000	9356	3585	6752	10188
2001	9688	4350	7034	11047
2002	9773	4570	8546	13716
2003	10588	4770	9414	15678
2004	11112	5047	11378	19928
2005	11670	5728	12606	22567
2006	11336	5561	13809	25060
2007	11195	5654	13698	25696
2008	11219	5592	14313	26321
2009	11006	5382	16271	29725
2010	10445	5302	16189	29261
2011	12000	6331	19369	36727

资料来源：中国科学引文数据库（核心库）。

Source: Chinese Science Citation Database (Core Database).

注：中国科学引文数据库的数据来源于国内较重要的 1124 种（1989~1995 年为 315 种，1996~2010 年为 700 种左右）中英文期刊。NSFC 基金论文数是指受国家自然科学基金资助的论文数。在国内被引用情况是指中国科学引文数据库前 5 年收录的论文在第六年被引用的统计，例如，2011 年国内被引情况是指 2006~2010 年被收录的论文在 2011 年被引用的情况，2010 年国内被引情况是指 2005~2009 年被收录的论文在 2010 年被引用的情况。其他年份依次类推。

Note: Data in Chinese Science Citation Database are from 1124 major domestic S&T journals in Chinese and English (315 major domestic S&T journals in 1989~1995, about 700 major domestic S&T journals in 1996~2010). Data of NSFC papers refer to the number of papers which are published on the basis of research projects supported by the National Natural Science Foundation of China. Domestic citation refers to the citation of papers quoted by Chinese Science Citation Database over the previous five years. For instance, the citation in 2011 of papers quoted in 2006~2010,the citation in 2010 of papers quoted in 2005~2009. The papers citation for the rest of the years is on this analogy.

8-6 科技论文在国内重要期刊上被引次数最多的前 30 名机构（2011 年）

Top 30 Institutions in Citation of S&T Papers by Major Domestic Journals: 2011

机构名称 Institution	在国内被引用 Cited domestically	
	篇 (article)	次 (time)
地理科学与资源研究所 Inst. of Geographic Sciences and Natural Resources Research	1072	2473
地质与地球物理研究所 Inst. of Geology and Geophysics	840	2138
中国科学技术大学 University of Science and Technology of China	1239	1852
寒区旱区环境与工程研究所 Cold and Arid Regions Environmental and Engineering Research Inst.	825	1798
南京土壤研究所 Nanjing Inst. of Soil Science	636	1379
东北地理与农业生态研究所 Northeast Inst. of Geography and Agroecology	602	1262
大气物理研究所 Inst. of Atmospheric Physics	549	1228
长春光学精密机械与物理研究所 Changchun Inst. of Optics, Fine Mechanics and Physics	664	1215
生态环境研究中心 Research Center of Eco-Environmental Sciences	535	1187
广州地球化学研究所 Guangzhou Inst. of Geochemistry	526	1094
沈阳应用生态研究所 Shenyang Inst. of Applied Ecology	554	1080
南京地理与湖泊研究所 Nanjing Inst. of Geography and Limnology	455	1063
新疆生态与地理研究所 Xinjiang Inst. of Ecology and Geography	467	955
地球化学研究所 Inst. of Geochemistry	333	682
中国科学院大学 University of CAS	439	681
海洋研究所 Inst. of Oceanology	347	625

续表 8-6

机构名称 Institution	在国内被引用 Cited domestically	
	篇 (article)	次 (time)
合肥物质科学研究院 Hefei Institutes of Physical Science	363	571
上海光学精密机械研究所 Shanghai Inst. of Optics and Fine Mechanics	299	537
植物研究所 Inst. of Botany	232	503
成都山地灾害与环境研究所 Chengdu Inst. of Mountain Hazards and Environment	253	489
亚热带农业生态研究所 Inst. of Subtropical Agriculture Ecology	230	477
水生生物研究所 Inst. of Hydrobiologys	253	459
遥感与数字地球研究所 Inst. of Remote Sensing and Digital Earth	254	451
武汉岩土力学研究所 Wuhan Inst. of Rock and Soil Mechanics	256	448
水土保持研究所 Inst. of Soil and Water Conservation	207	423
南海海洋研究所 South China Sea Inst. of Oceanology	228	421
计算技术研究所 Inst. of Computing Technology	257	407
大连化学物理研究所 Dalian Inst. of Chemical Physics	266	391
华南植物园 South China Botanical Garden	196	363
电子研究所 Inst. of Electronics	241	360

资料来源：中国科学引文数据库（核心库）。

Source: Chinese Science Citation Database (Core Database).

注：国内被引情况是指 2006~2010 年被中国科学引文数据库收录的论文在 2011 年被引用的情况。

Note: Domestic citation refers to citation in 2011 of papers quoted by Chinese Science Citation Database in 2006~2010.

8-7 获国家自然科学奖情况

S&T Achievements Granted with National Natural Science Awards

年份 Year	项目 Item	获奖总项数 Total	一等奖 1st class	二等奖 2nd class	三等奖 3rd class	四等奖 4th class
1956 （第一届）	全国授奖项数 National total	34	3	5	26	
	中国科学院获奖数 Awards won by CAS	23	3	2	18	
1982 （第二届）	全国授奖项数 National total	125	9	40	49	27
	中国科学院获奖数 Awards won by CAS	47	2	23	17	5
1987 （第三届）	全国授奖项数 National total	178	11	39	87	41
	中国科学院获奖数 Awards won by CAS	72	7	17	33	15
1989 （第四届）	全国授奖项数 National total	59	2	19	23	15
	中国科学院获奖数 Awards won by CAS	32	2	11	14	5
1991 （第五届）	全国授奖项数 National total	53		10	31	12
	中国科学院获奖数 Awards won by CAS	16		5	11	
1993 （第六届）	全国授奖项数 National total	52	1	18	21	12
	中国科学院获奖数 Awards won by CAS	20	1	11	6	2
1995 （第七届）	全国授奖项数 National total	57		15	27	15
	中国科学院获奖数 Awards won by CAS	25		10	11	4
1997 （第八届）	全国授奖项数 National total	51	1	8	30	12
	中国科学院获奖数 Awards won by CAS	20	1	5	12	2
1999 （第九届）	全国授奖项数 National total	57		10	31	16
	中国科学院获奖数 Awards won by CAS	21		7	11	3
2000 （第十届）	全国授奖项数 National total	15		15		
	中国科学院获奖数 Awards won by CAS	6		6		
2001 （第十一届）	全国授奖项数 National total	18		18		
	中国科学院获奖数 Awards won by CAS	8		8		

续表 8-7

年份 Year	项目 Item	获奖总项数 Total	一等奖 1st class	二等奖 2nd class	三等奖 3rd class	四等奖 4th class
2002 （第十二届）	全国授奖项数 National total	24	1	23		
	中国科学院获奖数 Awards won by CAS	12	1	11		
2003 （第十三届）	全国授奖项数 National total	19	1	18		
	中国科学院获奖数 Awards won by CAS	6	1	5		
2004 （第十四届）	全国授奖项数 National total	28		28		
	中国科学院获奖数 Awards won by CAS	10		10		
2005 （第十五届）	全国授奖项数 National total	38		38		
	中国科学院获奖数 Awards won by CAS	17		17		
2006 （第十六届）	全国授奖项数 National total	29	2	27		
	中国科学院获奖数 Awards won by CAS	12		12		
2007 （第十七届）	全国授奖项数 National total	39		39		
	中国科学院获奖数 Awards won by CAS	13		13		
2008 （第十八届）	全国授奖项数 National total	34		34		
	中国科学院获奖数 Awards won by CAS	17		17		
2009 （第十九届）	全国授奖项数 National total	28	1	27		
	中国科学院获奖数 Awards won by CAS	13	1	12		
2010 （第二十届）	全国授奖项数 National total	30		30		
	中国科学院获奖数 Awards won by CAS	10		10		
2011 （第二十一届）	全国授奖项数 National total	36		36		
	中国科学院获奖数 Awards won by CAS	13		13		
2012 （第二十二届）	全国授奖项数 National total	41		41		
	中国科学院获奖数 Awards won by CAS	18		18		

注：表中院获奖数是院直属单位为第一完成单位的获奖数。自 2000 年始国家自然科学奖只设一、二等奖。2003 年增设特等奖。

Note: In the table, the number of awards won by CAS indicates the number of awards won by the CAS institution who is the first unit for the achievement. Since 2000, National Natural Science Awards only has had 1st and 2nd class Awards. Since 2003, Special Class Award of Natural Science Awards has been added.

8-8 获国家技术发明奖情况

S&T Achievements Granted with National Technology Invention Awards

年 份 Year	项 目 Item	获奖总项数 Total	一等奖 1st class	二等奖 2nd class	三等奖 3rd class	四等奖 4th class
1979	全国授奖项数 National total	43	1	12	24	6
	中国科学院获奖数 Awards won by CAS	12	1	3	7	1
1980	全国授奖项数 National total	109		13	75	21
	中国科学院获奖数 Awards won by CAS	22		4	17	1
1981	全国授奖项数 National total	123	3	10	56	54
	中国科学院获奖数 Awards won by CAS	6			3	3
1982	全国授奖项数 National total	153	4	17	68	64
	中国科学院获奖数 Awards won by CAS	9			4	5
1983	全国授奖项数 National total	212	5	18	108	81
	中国科学院获奖数 Awards won by CAS	11		2	8	1
1984	全国授奖项数 National total	264	7	25	125	107
	中国科学院获奖数 Awards won by CAS	15	1	3	8	3
1985	全国授奖项数 National total	185	6	18	92	69
	中国科学院获奖数 Awards won by CAS	6			4	2
1986	全国授奖项数 National total	30		3	12	15
	中国科学院获奖数 Awards won by CAS					
1987	全国授奖项数 National total	225	1	24	96	104
	中国科学院获奖数 Awards won by CAS	12		1	9	2
1988	全国授奖项数 National total	217	4	20	97	96
	中国科学院获奖数 Awards won by CAS	12	1	2	6	3

续表 8-8

年 份 Year	项 目 Item	获奖总项数 Total	一等奖 1st class	二等奖 2nd class	三等奖 3rd class	四等奖 4th class
1989	全国授奖项数 National total	150		14	67	69
	中国科学院获奖数 Awards won by CAS	4			3	1
1990	全国授奖项数 National total	224	3	15	113	93
	中国科学院获奖数 Awards won by CAS	5			4	1
1991	全国授奖项数 National total	209	1	12	92	104
	中国科学院获奖数 Awards won by CAS	7	1	1	4	1
1992	全国授奖项数 National total	170		10	68	92
	中国科学院获奖数 Awards won by CAS	5		1	1	3
1993	全国授奖项数 National total	175		16	74	85
	中国科学院获奖数 Awards won by CAS	5		2	3	
1995	全国授奖项数 National total	131	1	12	59	59
	中国科学院获奖数 Awards won by CAS	4		1	3	
1996	全国授奖项数 National total	111	1	8	56	46
	中国科学院获奖数 Awards won by CAS	9		1	6	2
1997	全国授奖项数 National total	100	1	13	46	40
	中国科学院获奖数 Awards won by CAS					
1998	全国授奖项数 National total	72		10	30	32
	中国科学院获奖数 Awards won by CAS	4		1	1	2
1999	全国授奖项数 National total	69		13	38	18
	中国科学院获奖数 Awards won by CAS	7		2	4	1
2000	全国授奖项数 National total	23		23		
	中国科学院获奖数 Awards won by CAS	2		2		
2001	全国授奖项数 National total	14		14		
	中国科学院获奖数 Awards won by CAS	1		1		

续表 8-8

年份 Year	项目 Item	获奖总项数 Total	一等奖 1st class	二等奖 2nd class	三等奖 3rd class	四等奖 4th class
2002	全国授奖项数 National total	21		21		
	中国科学院获奖数 Awards won by CAS	1		1		
2003	全国授奖项数 National total	19		19		
	中国科学院获奖数 Awards won by CAS	1		1		
2004	全国授奖项数 National total	28	2	26		
	中国科学院获奖数 Awards won by CAS	1		1		
2005	全国授奖项数 National total	40	1	39		
	中国科学院获奖数 Awards won by CAS	8		8		
2006	全国授奖项数 National total	56	1	55		
	中国科学院获奖数 Awards won by CAS	5		5		
2007	全国授奖项数 National total	51	1	50		
	中国科学院获奖数 Awards won by CAS	3		3		
2008	全国授奖项数 National total	55	3	52		
	中国科学院获奖数 Awards won by CAS	3		3		
2009	全国授奖项数 National total	55	2	53		
	中国科学院获奖数 Awards won by CAS	2		2		
2010	全国授奖项数 National total	46	2	44		
	中国科学院获奖数 Awards won by CAS	2		2		
2011	全国授奖项数 National total	55	2	53		
	中国科学院获奖数 Awards won by CAS	6		6		
2012	全国授奖项数 National total	63	2	61		
	中国科学院获奖数 Awards won by CAS	7		7		

注：1. 1994 年国家技术发明奖停评一年。
Note: The evaluation of achievements for National Technology Invention Awards was suspended in 1994 for a year.
2. 表中院获奖数是院直属单位为第一完成单位的获奖数。自 2000 年始国家技术发明奖只设一、二等奖。2003 年增设特等奖。
In the table,the number of awards won by CAS indicates the number of awards won by the CAS institution who is the first unit for the achievement. Since 2000, National Technology Invention Awards only has had 1st and 2nd class Awards. Since 2003, the Special Class Award of National Technology Invention Awards has been established.

8-9　获国家科技进步奖情况

S&T Achievements Granted with National S&T Progress Awards

年 份 Year	项 目 Item	获奖总项数 Total	特等奖 Special class	一等奖 1st class	二等奖 2nd class	三等奖 3rd class	创新团队 Innovation Team
1985	全国授奖项数 National total	1761	23	135	535	1068	
	中国科学院获奖数 Awards won by CAS	73	2	8	28	35	
1987	全国授奖项数 National total	807	4	50	237	516	
	中国科学院获奖数 Awards won by CAS	36		1	13	22	
1988	全国授奖项数 National total	515	3	34	151	327	
	中国科学院获奖数 Awards won by CAS	29		4	11	14	
1989	全国授奖项数 National total	504	3	36	152	313	
	中国科学院获奖数 Awards won by CAS	26		1	9	16	
1990	全国授奖项数 National total	505	3	32	142	328	
	中国科学院获奖数 Awards won by CAS	17	1	3	5	8	
1991	全国授奖项数 National total	502	1	32	140	329	
	中国科学院获奖数 Awards won by CAS	28		1	11	16	
1992	全国授奖项数 National total	649	3	38	195	413	
	中国科学院获奖数 Awards won by CAS	40		4	14	22	
1993	全国授奖项数 National total	441	2	27	122	290	
	中国科学院获奖数 Awards won by CAS	22		3	10	9	
1995	全国授奖项数 National total	607	2	25	182	398	
	中国科学院获奖数 Awards won by CAS	44		2	13	29	

续表 8-9

年份 Year	项目 Item	获奖总项数 Total	特等奖 Special class	一等奖 1st class	二等奖 2nd class	三等奖 3rd class	创新团队 Innovation Team
1996	全国授奖项数 National total	536	4	20	169	343	
	中国科学院获奖数 Awards won by CAS	31			8	23	
1997	全国授奖项数 National total	475	3	19	150	303	
	中国科学院获奖数 Awards won by CAS	21		1	10	10	
1998	全国授奖项数 National total	471	3	22	133	313	
	中国科学院获奖数 Awards won by CAS	24		2	6	16	
1999	全国授奖项数 National total	476	2	17	143	314	
	中国科学院获奖数 Awards won by CAS	20			6	14	
2000	全国授奖项数 National total	250		22	228		
	中国科学院获奖数 Awards won by CAS	9			9		
2001	全国授奖项数 National total	191		17	174		
	中国科学院获奖数 Awards won by CAS	7		1	6		
2002	全国授奖项数 National total	218		18	200		
	中国科学院获奖数 Awards won by CAS	14			14		
2003	全国授奖项数 National total	216	1	16	199		
	中国科学院获奖数 Awards won by CAS	9			9		
2004	全国授奖项数 National total	244		16	228		
	中国科学院获奖数 Awards won by CAS	14		1	13		
2005	全国授奖项数 National total	236		18	218		
	中国科学院获奖数 Awards won by CAS	18			18		

续表 8-9

年份 Year	项目 Item	获奖总项数 Total	特等奖 Special class	一等奖 1st class	二等奖 2nd class	三等奖 3rd class	创新团队 Innovation Team
2006	全国授奖项数 National total	241	1	20	220		
	中国科学院获奖数 Awards won by CAS	13		2	11		
2007	全国授奖项数 National total	254		19	235		
	中国科学院获奖数 Awards won by CAS	14			14		
2008	全国授奖项数 National total	254	3	26	225		
	中国科学院获奖数 Awards won by CAS	14		1	13		
2009	全国授奖项数 National total	282	3	17	262		
	中国科学院获奖数 Awards won by CAS	14			14		
2010	全国授奖项数 National total	273	3	31	239		
	中国科学院获奖数 Awards won by CAS	12		1	11		
2011	全国授奖项数 National total	283	1	20	262		
	中国科学院获奖数 Awards won by CAS	12			12		
2012	全国授奖项数 National total	162	2	13	144		3
	中国科学院获奖数 Awards won by CAS	5		1	4		

注：1. 国家科技进步奖 1986 年、1994 年停评。

Note: The evaluation of achievements for National S&T Progress Awards was suspended in 1986 and 1994 respectively.

2. 表中院获奖数是院直属单位为第一完成单位的获奖数。自 2000 年始国家科技进步奖设一、二等奖。2003 年增设特等奖。2012 年在科技进步奖中增设创新团队。

In the table, the number of awards won by CAS indicates the number of awards won by the CAS institution who is the first unit for thc achievement. Since 2000, National S&T Progress Awards has had only 1st and 2nd class Awards. Since 2003, the Special Class Award of National S&T Progress Awards has been established. Since 2012, the Innovation Team Award of Nation S&T Progress Awards has been established.

8-10 获国家科学技术奖情况（2012 年）

S&T Achievements Granted with National S&T Awards: 2012

	合 计 Total	一等奖 1st class	二等奖 2nd class
总 计 **Total**	**30**		
一、国家最高科学技术奖（人） State Supreme S&T Award (person)	1		
二、国家自然科学奖（项） National Natural Science Award (item)	18		18
数学与系统科学研究院 Academy of Mathematics and Systems Science	2		2
物理研究所 Inst. of Physics	2		2
中国科学技术大学 University of Science and Technology of China	2		2
生物物理研究所 Inst. of of Biophysics	2		2
紫金山天文台 Purple Mountain Observatory	1		1
上海有机化学研究所 Shanghai Inst. of Organic Chemistry	1		1
高能物理研究所 Inst. of High Energy Physics	1		1
大连化学物理研究所 Dalian Inst. of Chemical Physics	1		1
地球环境研究所 Inst. of Earth Environment	1		1
地质与地球物理研究所 Inst. of Geology and Geophysics	1		1
地理科学与资源研究所 Inst. of Geographic Sciences and Natural Resources Research	1		1
上海生命科学研究院 Shanghai Institutes for Biological Sciences	1		1
昆明动物研究所 Kunming Inst. of Zoology	1		1
上海药物研究所 Shanghai Inst. of Materia Medica	1		1
三、国家技术发明奖（项） National Technology Invention Award (item)	7		7
上海技术物理研究所 Shanghai Inst. of Technical Physics	1		1

续表 8-10

	合 计 Total	一等奖 1st class	二等奖 2nd class
上海微系统与信息技术研究所 Shanghai Inst. of Microsystem And Information Technology	1		1
长春应用化学研究所 Changchun Inst. of Applied Chemistry	1		1
自动化研究所 Inst. of Automation	1		1
计算技术研究所 Inst. of Computing Technology	1		1
上海硅酸盐研究所 Shanghai Inst. of Ceramics	1		1
生态环境研究中心 Research Center for Eco-Environmental Sciences	1		1
四、国家科技进步奖（项） National S&T Progress Award (item)	5		
地理科学与资源研究所 Inst. of Geographic Sciences and Natural Resources Research	1	1	
金属研究所 Inst. of Metal Research	1		1
近代物理研究所 Inst. of Modern Physics	1		1
计算技术研究所 Inst. of Computing Technology	1		1
生态环境研究中心 Research Center for Eco-Environmental Sciences	1		1

注：1. 国家最高科学技术奖每年只奖励 2 人。

Note: State Supreme S&T Award is only given to 2 persons every year.

2. 总计中不包括国家最高科学技术奖。

The total number excludes the State Supreme S&T Award.

3. 表中院获奖数是院直属单位为第一完成单位的获奖数。

In the table, the number of awards won by CAS indicates the number of awards won by the CAS institution who is the first unit for the achievement.

九、院、所投资企业开发经营活动

BUSINESS ACTIVITIES OF CAS AND ITS INSTITUTION INVESTED ENTERPRISES

9-1 院、所投资企业总体情况

Statistical Indices of CAS and Its Institution Invested Enterprises

单位：万元 (ten thousand yuan)

项 目 Items	2004 年	2005 年	2006 年	2007 年	2008 年	2009 年	2010 年	2011 年	2012 年
资产总额 Total assets	4944484	9180876	10176973	11526907	11789703	14996911	19493802	23452771	29191932
流动资产 Current assets	3485996	5991706	6661299	7948616	8010756	10550546	13577212	16368636	20010161
负债总额 Total liabilities	2671741	6725501	7131271	7970395	8049342	10139865	13026600	16534318	20733897
少数股东权益 Minority interests	486884	809412	767728	1118164	919473	1366288	1717296	1575099	2053902
所有者权益 Total owners' equity	1785859	2131230	2282877	2438210	2766393	3510513	4693098	5041821	5735202
营业收入 Operating income	5675970	12303978	15699028	17596445	17280195	17375585	22325182	24189938	32943423
营业成本 Cost of sales	4706021	10506167	13465011	14919015	14867146	14981227	19458555	23465252	28451124
费用总额 Total fees	654802	1544720	2121465	2131310	2131139	2040205	2304446	2974258	3702573
利润总额 Total profit	259406	313327	194633	673758	449017	647944	1000447	1021214	1124717
上缴税金总额 Total tax paid	160696	228822	257903	345459	344293	432787	430326	474279	624096
利税总额 Total profit and tax	393752	478913	391970	753750	634211	878975	1220985	966516	1445257
创汇额（万美元） Foreign exchange income (ten thousand US dollars)	34334	181585	71902	502077	520738	376486	412266	371568	352022
R&D 投入 R&D investment	153805	198740	336830	338667	205666	215371	276352	351682	482283
成果获奖数（项） Achievements (item)	229	167	147	141	110	104	89	113	101
产品项目数（项） Number of products (item)	733	782	755	526	615	565	689	736	717

续表 9-1

项　目 Items	2004 年	2005 年	2006 年	2007 年	2008 年	2009 年	2010 年	2011 年	2012 年
上缴院所利润 Profit turned over to CAS and institutes	16335	23135	23818	24691	11702	49047	25407	27446	25574
上缴院所费用 Fees turned over to CAS and institutes	5636	4625	4931	3565	3782	2590	4114	1982	1861
在职职工总数（人） Total number of regular staff	58185	67198	73371	71283	71872	73524	86808	97744	105259
统计企业数（个） Number of enterprises	432	450	459	492	521	516	551	562	595

注：各项统计指标是按照企业法人为单位进行统计的。

Note: The statistical indices here are calculated by taking enterprises corporate as the legal bodies.

9-2　院、所投资企业按在职职工总数分组（2012 年）

CAS and Its Institution Invested Enterprises, by Number of Staff: 2012

	合 计 Total	1~10 人 1~10 persons	11~50 人 11~50 persons	51~100 人 51~100 persons	101~200 人 101~200 persons	201~300 人 201~300 persons	>300 人 >300 persons
企业数（个） Number of enterprises	595	139	234	81	76	22	43
(%)	100	23.36	39.33	13.61	12.77	3.70	7.23
人　数 Number of people	105259	636	5986	5799	10506	5378	76954
(%)	100	0.6	5.69	5.51	9.98	5.11	73.11

注：未提供人数的企业划在 1~10 人范围内。

Note: The number of people of the enterprises which do not provide data is assumed as less than 10.

9-3　院、所投资企业按营业收入分组（2012年）
CAS and Its Institution Invested Enterprises, by Operating Income: 2012

单位：万元　　(ten thousand yuan)

	合 计 Total	0~<100	100~<500	500~ <1000	1000~ <5000	5000~ <10000	>10000
企业数（个） Number of enterprises	440	106	88	49	104	34	59
(%)	100	24.09	20	11.14	23.64	7.72	13.41
营业收入 Operating income	32943423	2431	22318	37235	249132	238687	32393620
(%)	100	0.01	0.07	0.11	0.76	0.72	98.33

注：表9-3，表9-4，表9-7中企业数（个）是以集团合并报表进行统计得出的结果。

Note: The number of enterprises in Table 9-3, Table 9-4 and Table 9-7 are calculated by taking the number of CAS invested group corporations statistical statement.

9-4　院、所投资企业按年利润总额分组（2012年）
CAS and Its Institution Invested Enterprises, by Annual Profit: 2012

单位：万元　　(ten thousand yuan)

	合 计 Total	0以下	0~ <100	100~ <500	500~ <1000	1000~ <5000	5000~ <10000	>10000
企业数（个） Number of enterprises	440	145	153	59	24	41	6	12
(%)	100	32.95	34.77	13.41	5.46	9.32	1.36	2.73
利润总额 Total profit	1124717	-45016	3785	14932	16931	102982	37088	994015
(%)	100	-4.00	0.34	1.33	1.50	9.15	3.30	88.38

9-5 营业收入排序前30名的院、所投资企业（2012年）

Top 30 CAS and Its Institution Invested Enterprises in Business Income: 2012

单位：万元 (ten thousand yuan)

序号 No.	企 业 名 称 Name of enterprises	营业收入 Operating income
1	联想控股有限公司 Legend Holdings Ltd.	28660198
2	中科实业集团（控股）有限公司 China Sciences Group Co.,Ltd.	567661
3	时代出版传媒股份有限公司 Time Publishing & Media Co.,Ltd.	313951
4	中科软科技股份有限公司 Sinosoft Co., Ltd.	234647
5	东方科学仪器进出口集团有限公司 Oriental Scientific Instrument Import & Export Group Corporation	208708
6	成都地奥制药集团有限公司 Chengdu Di'ao Pharmaceutical Corporation, CAS	174194
7	江西金佳谷物股份有限公司 Jiangxi Jinjia Grains Co., Ltd.	154974
8	中科英华高技术股份有限公司 Zhongke Yinghua High-tech Co., Ltd.	153295
9	上海思富医药有限公司 Shanghai Siful Medicune Co., Ltd.	150548
10	青岛金王应用化学股份有限公司 Qingdao Kingking Applied Chemistry Co.,Ltd.	142507
11	中国科技出版传媒集团有限公司 China Science Publishing & Media Group Ltd.	141842
12	曙光信息产业有限公司 Dawning Information Industrialigation Co., Ltd.	132341
13	北京科诺伟业科技有限公司 Beijing CORONA Technology Co.，Ltd.	109429
14	沈阳新松机器人自动化股份有限公司 SIASUN Robot&Automation Co.,Ltd.	89162
15	上海杰事杰新材料（集团）股份有限公司 Shanghai GENIUS Advanced Material Co., Ltd.	85609
16	中科合成油技术有限公司 Synfuels China Co.，Ltd.	72050

续表 9-5

序号 No.	企业名称 Name of enterprises	营业收入 Operating income
17	甘肃海林中科科技股份有限公司 Gansu Hailing CAS S&T Holding Co., Ltd.	52261
18	上海绿谷制药有限公司 Shanghai Green Valley Pharmaceutical Co., LTD	52169
19	汉王科技股份有限公司 Beijing Hanwang Technology Co., Ltd.	41395
20	上海新傲科技有限公司 Shanghai Simgui Technology Co., Ltd.	35814
21	云南绿大地生物科技股份有限公司 Yunnan Green Land Biological S&T Holding Ltd.	34300
22	江西金世纪新材料股份有限公司 Jiangxi Golden Century Advanced Materials Co., Ltd.	33471
23	邯郸光导重工高技术公司 Handan PhotoC Technologies Co., Ltd.	32695
24	北京中科资源有限公司 Beijing Zhongke Resource Co., Ltd.	32525
25	安徽科大讯飞信息科技股份有限公司 Anhui Ustc Iflytek Co., Ltd.	29704
26	中科铜都粉体粉新材料股份有限责任公司 Zhongke Tongdu Powder New-material Incorporated Company	28705
27	深圳市金科特种材料股份有限公司 Shenzhen Jinke Special Materials Co., Ltd.	28056
28	长春奥普光电技术股份有限公司 Changchun Aopu Opto electronic Technology Co., Ltd	26485
29	北京超图软件股份有限公司 SuperMap Software Co., Ltd.	26402
30	中科生命科技股份有限公司 Zhongke Life Science Co., Ltd.	25557

注：“合并”指合并会计报表，又称合并财务报表，即以母公司和子公司组成的企业集团为一会计主体，以母公司和子公司单独编制的个别会计报表为基础，由母公司编制的综合反映由母公司与子公司组成的企业集团经营成果、财务状况及其变动情况的会计报表。

Note: “Merged”refers to the merged statement of accounting or merged financial statement. It means the combined accounting statement of a group company consisting of parent company and subordinate companies, on the basis of the independent accounting statement of both the parent company and the subordinate companies. The merged accounting statement made by parent company indicates group company operating resuls, financial status and its changes of both the parent company and subordinate companies.

9-6 利润总额排序前30名的院、所投资企业（2012年）
Top 30 CAS and Its Institution Invested Enterprises in Total Profit: 2012

单位：万元 (ten thousand yuan)

序号 No.	企业名称 Name of enterprises	利润总额 Total profit
1	联想控股有限公司 Legend Holdings Ltd.	688076
2	中科实业集团（控股）有限公司 China Sciences Group Co.,Ltd.	100975
3	中科合成油技术有限公司 Synfuels China Co.， Ltd.	39036
4	时代出版传媒股份有限公司 Time Publishing & Media Co., Ltd.	32473
5	沈阳新松机器人自动化股份有限公司 SIASUN Robot&Automation Co., Ltd.	22316
6	中国科学院国有资产经营有限责任公司 CAS Holding Co., Ltd.	21427
7	中国科技出版传媒集团有限公司 China Science Publishing & Media Group Ltd.	18748
8	新兴能源科技有限公司 SYN Energy Technology Co., Ltd.	18024
9	成都地奥制药集团有限公司 Chengdu Di'ao Pharmaceutical Corporation, CAS	14474
10	中科软科技股份有限公司 Sinosoft Co., Ltd.	14399
11	安徽科大讯飞信息科技股份有限公司 Anhui USTC iFLYTEK Co., Ltd.	13546
12	东方科学仪器进出口集团有限公司 Oriental Scientific Instrument Import & Export Group Corporation	10516
13	长春奥普光电技术股份有限公司 Changchun Aopu Opto-electronic Technology Co., Ltd.	6662
14	曙光信息产业有限公司 Dawning Information Industrialigation Co., Ltd.	6657

续表 9-6

序号 No.	企业名称 Name of enterprises	利润总额 Total profit
15	青岛金王应化学股份有限公司 Qingdao Kingking Applied Chemistry Co., Ltd.	6173
16	上海绿谷制药有限公司 Shanghai Green Valley pharmaceutical Co., Ltd.	6153
17	中科大资产经营有限责任公司 USTC Holdings Co.， Ltd.	6122
18	中生北控生物科技股份有限公司 BioSino Bio-technology and Science Inc.	5319
19	上海思富医药有限公司 Shanghai SiFu Medicine Co., Ltd.	4941
20	江西金世纪新材料股份有限公司 Jiangxi Golden Century Advanced Materials Co., Ltd.	4669
21	福建福晶科技股份有限公司 Fujian Castech Crystals Inc.	4585
22	合肥科大立安安全技术股份有限公司 Hefei KDLIAN Safety Technology Co., Ltd.	4537
23	南京中科集团股份有限公司 Nanjing ZhongKe Group Co., Ltd.	4214
24	中科生命科技股份有限公司 Zhongke Life Science Co., Ltd.	4184
25	包头东宝生物技术股份有限公司 Baotou Dongbao Bio-Tech Co., Ltd.	4184
26	临江市东锋有色金属股份有限公司 Linjiang Dongfeng Nonfemet Co., Ltd.	3965
27	北京海通荣盛科技有限公司 Beijing Haitong Rongsheng Technology Co., Ltd.	3822
28	汉王科技股份有限公司 Beijing Hanwang Technology Co., Ltd.	3693
29	北京绿创声学工程股份有限公司 Beijing Greentec Acoustic Engineering Holding Co., Ltd.	3693
30	北京科诺伟业科技有限公司 Beijing CORONA Technology Co., Ltd.	3292

9-7 院、所投资企业经营情况按行业分类（2012 年）
Statistics of Business Operation of CAS and Its Institution Invested Enterprises, by Sector: 2012

行 业 Industry	企业数（个） Number of enterprises	营业收入（万元） Operating income (ten thousand yuan)	利润总额（万元） Annual profit (ten thousand yuan)
合 计 **Total**	**440**	**32943423**	**1124717**
采矿业 Mining	1	33471	4669
房地产业 Real estate	1	219	3
卫生和社会工作 Health and social work	1	156	-73
建筑业 Construction	10	38612	1399
教育 Education	1	2301	762
居民服务、修理和其他服务业 Residential service，repair and other services	50	617521	103195
科学研究和技术服务业 Science research and technical services	81	214282	30580
农、林、牧、渔业 Agriculture, forestry, animal husbandry and fishery	17	209364	-3642
批发和零售业 Whole sale and retail	6	7967	-11
水利、环境和公共设施管理业 Water conservancy, environment and public facility management	6	5716	844
金融业 Finance	3	2923	4736
文化、体育和娱乐业 Culture, sports and recreation industry	13	468801	52489
信息传输、软件和信息技术服务业 Information, software and information technology services	37	418214	36458
制造业 Manufacturing	177	30462239	851898
住宿和餐饮业 Lodging and food service	19	29953	3598
租赁和商务服务业 Leasing industry and business services	11	237586	32935
交通运输、仓储和邮政业 Transportation, warehousing and post	5	194061	5345
电力、燃气及水的生产和供应业 Power, gas & water production and supply industry	1	37	-468

9-8 院、所投资企业高新技术产品分类（2012 年）

High-technology Products of CAS and Its Institution Invested Enterprises: 2012

产品分类 Category	产品项目数（项） Number of products (item)	销售收入（万元） Sales income (ten thousand yuan)	出口额（万美元） Export value (ten thousand US dollars)
合 计 Total	**291**	**1110727**	**20220**
电子信息 Electronics and information technology	117	558882	2987
先进制造 Advanced manufacture	43	63487	366
生物、医药和医疗器械 Biology, medicine and medical equipment	19	110325	159
新材料 New materials	67	267216	14942
新能源与节能 New energy and energy-saving technology	11	63930	1535
环境保护 Environment protection	9	10921	231
地球、空间及海洋工程 Earth, space and ocean	4	7681	
农业 Agriculture	10	8487	
航空航天 Aeronautics and space technology	2	40	
核应用技术 Nuclear Application Techniques	1		
现代交通 Modern traffic	8	19758	

主要统计指标解释

1. 院、所投资企业

中国科学院及其所属各单位投资的全资、控股和参股企业。

2. 在职职工总数

在职职工总数包括固定合同制职工、聘用人员和临时工。

3. 少数股东权益

指集团公司的子公司所有者权益中不属于母公司的份额，在合并会计报表中用“少数股东权益”表示。

4. 所有者权益

所有者权益为资产总额扣除负债总额和少数股东权益后的余额。

5. 上缴税金总额

上缴税金总额包括增值税、营业税金及附加、所得税及其他税金的总和。

6. 营业收入

营业收入是指企业在生产经营活动中，由销售产品和商品、进行技术服务、提供劳务等取得的收入。

7. 利润总额

利润总额包括营业利润、投资净收益及营业外收支净额，为所得税前利润。

营业利润是指营业收入扣减成本、各种费用、流转税及附加税费的数额。

投资净收益是指投资收益扣除投资损失后的数额。

营业外收支净额为营业外收入减去营业外支出后的数额。

8. 利税总额

利税总额是税后净利润与全部上缴税金之和。

Explanatory Notes on Key Indicators

1. CAS and its institution invested enterprises

This refers to the wholly owned enterprises, holding companies and share holding companies invested by CAS and its institutions.

2. Total number of staff at work

This includes permanent and contract staff, invited engaged staff and temporary staff.

3. Minority interests

This refers to the share of the total owner's equity of the subordinate company in a group company which does not belong to the parent company. It is indicated as "Minority interests" on the merged statement of the group company accounting.

4. Total owner's equity

This refers to the total value of the assets in an enterprise after deducting all debts and minority shareholders' interests.

5. Total tax

This includes value added tax, business tax, surtax, income tax and other taxes.

6. Operating income

This refers to the income obtained by the enterprises in their production and business activities such as product sales, commodity sales, technical service and labor service.

7. Total profit

This refers to profit before income tax, including operation profit, net income from investment and non-operating profit. Operating profit refers to net income after deduction of cost, various expenditure, indirect tax and surtax. Net income from investment refers to investment income after deducting investment losses, and non-operating profit refers to non-operating income after deducting non-operating expenses.

8. Total profit from interest and tax

Total profit from benefits and tax refers to the net benefits plus total tax of enterprises.

十、院地合作

CAS AND DOMESTIC COOPERATION

10-1 院地合作项目社会经济效益情况

General Statistics of CAS and Locality Cooperation Projects

年 份 Year	项目数（项） Number of projects (item)	销售收入（万元） Sales income (ten thousand yuan)	利税总额（万元） Total profits and taxes (ten thousand yuan)
2001	858	1611200	351700
2002	1415	2430975	500720
2003	3002	3124331	594917
2004	2979	3589498	676499
2005	2434	4142053	759678
2006	2522	5123678	751205
2007	3415	6233741	1018048
2008	3867	9642015	1347276
2009	5108	14035242	2165263
2010	6796	20494943	3367632
2011	7012	26288144	4137872
2012	8551	30272998	4783736

注：1. 第 10 部分表中的项目数指：自 1996 年以来中国科学院院属单位通过科技成果转化到地方企业并正在实施的合作项目的数量。

Note: The project index in section 10 refers to the data of cooperative projects transferred by CAS institutions, since 1996, to the local enterprises, and being implemented in the current years.

2. 第 10 部分表中的销售收入及利税总额指：自 1996 年以来中国科学院院属单位通过科技成果转移转化在地方企业当年产生的销售收入及利税总额。

The sales income and profits & taxes in section 10 refer to the total sales income and profits taxes generated by the projects transferred by CAS institutions, since 1996, to the local enterprises.

10-2 院地合作项目按销售收入分组（2012 年）

CAS and Locality Cooperation Projects, by Sales Income: 2012

	合计 Total	1 亿元以下 Under 100 million Yuan	1 亿~5 亿元 100~500 million Yuan	5 亿~10 亿元 500 million~ 1 billion Yuan	10 亿元以上 Over 1 billion Yuan
项目数（项） Number of projects (item)	8551	7960	484	67	40
(%)	100	93.1	5.7	0.8	0.5
销售收入（亿元） Sales income (100 million yuan)	3027.3	821.16	1059.47	451.02	695.65
(%)	100	27.1	35.0	14.9	23.0

10-3 院地合作项目按分院分类（2012年）
CAS and Locality Cooperation Projects, by Branches: 2012

分院及地区 Branch and region	项目数（项） Number of projects (item)	销售收入（万元） Sales income (ten thousand yuan)	利税总额（万元） Total profits and taxes (ten thousand yuan)
总　计 Total	8551	30272998	4783736
北京分院（筹） Beijing Branch	1767	3099129	414819
沈阳分院 Shenyang Branch	1058	4467084	784659
长春分院 Changchun Branch	375	1379700	155183
上海分院 Shanghai Branch	1304	4259309	802845
南京分院 Nanjing Branch	1280	6335052	1017139
合肥物质科学研究院 Hefei Institutes of Physical Sciences	684	1691668	169710
武汉分院 Wuhan Branch	249	1395739	176726
广州分院 Guangzhou Branch	708	4099600	470250
成都分院 Chengdu Branch	524	1310019	205715
昆明分院 Kunming Branch	162	863133	402676
西安分院 Xi’an Branch	180	574410	97350
兰州分院 Lanzhou Branch	103	464032	66016
新疆分院 Xinjiang Branch	157	334124	20647

注：为充分发挥分院在院地合作中的作用，将全国31个省、市、自治区（除港、澳、台外）按分院进行了院地合作工作区域的划分，北京分院（筹）：北京市、天津市、河北省、山西省、内蒙古自治区；沈阳分院：辽宁省、山东省；长春分院：吉林省、黑龙江省；上海分院：上海市、浙江省、福建省；南京分院：江苏省、江西省；合肥物质科学研究院：安徽省、河南省；武汉分院：湖北省、湖南省；广州分院：广东省、广西壮族自治区、海南省；成都分院：四川省、重庆市、西藏自治区；昆明分院：云南省、贵州省；西安分院：陕西省、宁夏回族自治区；兰州分院：甘肃省、青海省；新疆分院：新疆维吾尔自治区。

Note: In order to bring CAS Branches into full play in the cooperation between CAS and local governments and enterprises, CAS has put this responsibility on each of its Branches covering the nation’s 31 provinces, municipalities and autonomous regions except Hong Kong, Macao, and Taiwan Regions. The main responsible areas for eath Branch are derided as followings: Beijing Area is responsible for Beijing, Tianjin, Hebei Province, Shanxi Province, Inner Mongolian Autonomous Region; Shenyang Branch for Liaoning Province, Shandong Province; Changchun Branch for Jilin Province, Heilongjiang Province; Shanghai Branch for Shanghai, Zhejiang Province, Fujian Province; Nanjing Branch for Jiangsu Province, Jiangxi Province; Hefei Institutes of physical Sciences for Anhui Province, Henan Province; Wuhan Branch for Hubei Province, Hunan Province; Guangdong Branch for Guangzhou Province, Guangxi Zhuang Autonomous Region, Hainan Province; Chengdu Branch for Sichuan Province, Chongqing, Tibet Autonomous Region; Kunming Branch for Yunnan Province, Guizhou Province; Xi’an Branch for Shaanxi Province, Ningxia Hui Autonomous Region; Lanzhou Branch for Gansu Province, Qinghai Province; Xinjiang Branch for Xinjiang Uygur Autonomous Region.

10-4 院地合作项目社会经济效益超过10亿元的单位(2012年)

Institutions with Sales Income Surpassing One Billion RMB Generated from CAS and Locality Cooperation: 2012

单位名称 Names of institutes	项目数(项) Number of projects (item)	销售收入(万元) Sales income (ten thousand yuan)	利税总额(万元) Total profits and taxes (ten thousand yuan)
过程工程研究所 Inst. of Process Engineering	500	1857586	408937
金属研究所 Inst. of Metal Research	869	1627864	231416
沈阳自动化研究所 Shenyang Inst. of Automation	345	1294509	203526
中国科学技术大学 University of Science and Technology of China	709	1242365	409398
大连化学物理研究所 Dalian Inst. of Chemical Physics	545	1176859	249326
长春应用化学研究所 Changchun Inst. of Applied Chemistry	258	1170175	146788
嘉兴应用技术研究与转化中心 Zhejiang Institute of Advanced Technology	122	1135374	194551
自动化研究所 Inst. of Automation	91	1051928	137120
合肥物质科学研究院 Hefei Institutes of Physical Sciences	280	1002541	91181
深圳先进技术研究院 Shenzhen Institutes of Advanced Technology	134	749886	82735
沈阳应用生态研究所 Shenyang Inst. of Applied Ecology	108	692511	75479
理化技术研究所 Technical Inst. of Physics and Chemistry	250	690405	105255
化学研究所 Inst. of Chemistry	91	686867	107051
广州能源研究所 Guangzhou Inst. of Energy Conversion	82	581016	74133
海洋研究所 Inst. of Oceanology	122	545080	123980
上海生命科学研究院 Shanghai Institutes for Biological Sciences	74	540725	53998
成都生物研究所 Chengdu Inst. of Biology	71	528907	36926

续表 10-4

单位名称 Names of institutes	项目数（项） Number of projects (item)	销售收入（万元） Sales income (ten thousand yuan)	利税总额（万元） Total profits and taxes (ten thousand yuan)
福建物质结构研究所 Fujian Inst. of Research on the Structure of Matter	26	518295	75218
计算技术研究所 Inst. of Computing Technology	101	493761	45001
山西煤炭化学研究所 Shanxi Inst. of Coal Chemistry	52	465524	74839
力学研究所 Inst. of Mechanics	67	457446	39651
湖南技术转移中心 Hunan Technology Transfer Center	60	446393	40653
工程热物理研究所 Inst. of Engineering Thermophysics	48	432453	71213
上海硅酸盐研究所 Shanghai Inst. of Ceramics	80	406731	65266
上海有机化学研究所 Shanghai Inst. of Organic Chemistry	119	405790	73337
微生物研究所 Inst. of Microbiology	81	405733	79186
南海海洋研究所 South China Sea Inst, of Oceanology	19	403150	42031
近代物理研究所 Inst. of Modern Physics	32	333001	43388
华南植物园 South China Botanical Garden	24	329510	51700
兰州化学物理研究所 Lanzhou Inst. of Chemical Physics	174	318300	49279
成都有机化学有限公司 Chengdu Organic Chemistry Co., Ltd.	141	305890	57102
南京土壤研究所 Nanjing Inst. of Soil Science	69	301631	45656
电工研究所 Inst. of Electrical Engineering	50	299316	47908
长春光学精密机械与物理研究所 Changchun Inst. of Optics，Fine Mechanics and Physics	56	291136	37891
半导体研究所 Inst. of Semiconductors	50	289235	31575
泰州应用技术研发及产业化中心 Taizhou Institute of Applied Technology and industrialization of research and Development Center	14	272767	47711

续表 10-4

单位名称 Names of institutes	项目数（项） Number of projects (item)	销售收入（万元） Sales income (ten thousand yuan)	利税总额（万元） Total profits and taxes (ten thousand yuan)
水生生物研究所 Inst. of Hydrobiology	42	269539	29589
成都山地灾害与环境研究所 Chengdu Inst. of Mountain Hazards and Environment	32	259325	25150
亚热带区域农业研究所 Inst. of Subtropical Agriculture	19	252947	27378
广州化学有限公司 Guangzhou Chemistry Co., Ltd.	45	241704	29137
上海微系统与信息技术研究所 Shanghai Inst. of Microsystem and Information Technology	42	228302	41647
成都信息技术有限公司 Chengdu Information Technology Co., Ltd.	112	224193	74496
宁波材料技术与工程研究所 Ningbo Inst. of Material Technology and Engineering	91	220609	28256
武汉植物园 Wuhan Botanical Garden	16	180749	28773
微电子研究所 Inst. of Microelectronics	114	176793	22323
山东综合技术转化中心 Shandong Technology Transfer Center	17	175356	30350
武汉物理与数学研究所 Wuhan Inst. of Physics and Mathematics	6	171124	32126
声学研究所 Inst. of Acoustics	95	166627	13756
上海技术物理研究所 Shanghai Inst. of Technical Physics	80	148953	17198
上海药物研究所 Shanghai Inst. of Materia Medica	49	138409	37294
物理研究所 Inst. of Physics	27	136300	14440
地球化学研究所 Inst. of Geochemistry	12	130477	60047

续表 10-4

单位名称 Names of institutes	项目数（项） Number of projects (item)	销售收入（万元） Sales income (ten thousand yuan)	利税总额（万元） Total profits and taxes (ten thousand yuan)
唐山高新技术研究与转化中心 Tangshan Research and Commercialization Center for High-tech	36	122570	3628
常州先进制造技术研发与产业化中心 Changzhou Advanced Manufacture Technology Research Development & Industrialization Center	41	121139	20590
广州电子技术有限公司 Guangzhou Electronics Technology Co., Ltd.	39	116000	12950
广州地球化学研究所 Guangzhou Inst. of Geochemistry	32	113667	25116
广州生物医药与健康研究院 Guangzhou Institutes of Biomedicine and Health	26	109000	18200
昆明植物研究所 Kunming Inst. of Botany	29	106057	20073
上海应用物理研究所 Shanghai Inst. of Applied Physics	35	102503	8655

十一、国际合作及与港、澳、台地区交流

INTERNATIONAL COOPERATION，AND EXCHANGES WITH HONG KONG, MACAO AND TAIWAN REGIONS

11-1 国际合作及与港、澳、台地区交流情况

International Cooperation, and Exchanges with Hong Kong, Macao and Taiwan Regions

单位：人次 (person · time)

年 份 Year	派 出 CAS staff sent overseas	邀 请 Visitors hosted by CAS	年 份 Year	派 出 CAS staff sent overseas	邀 请 Visitors hosted by CAS
1950	16		1988	3344	3518
1951	11		1989	4077	2097
1952	5		1990	4456	2184
1953	53		1991	4459	2544
1954	45	3	1992	4164	2425
1955	84	84	1993	4378	2719
1956	226	204	1994	4319	1835
1957	133	248	1995	4484	2554
1958	159	345	1996	5432	2018
1959	103	302	1997	5247	2990
1960	119	192	1998	5035	2861
1961	75	27	1999	7237	2895
			2000	6622	2929
1976	147	200	2001	7304	8576
1977	217	322	2002	8460	7987
1978	587	571	2003	7370	6730
1979	784	1074	2004	7638	11646
1980	950	1760	2005	8153	13421
1981	1119	1211	2006	8922	17481
1982	1322	992	2007	10058	17209
1983	1222	1798	2008	8638	16480
1984	1827	1845	2009	10447	17668
1985	1713	3197	2010	11972	18814
1986	1310	3770	2011	13878	17624
1987	2216	2558	2012	17116	14132

注：2002 年的邀请统计中包含了顺访外宾人次。

Note: The statistics of invited visitors in 2002 include the number of short visits.

11-2 国际合作及与港、澳、台地区交流邀请项目按类型分类（2012年）

Statistics of Visitors Hosted by CAS, by Type of Exchange: 2012

单位：人次 (person • time)

国家与地区 Country and region	按交流形式分类统计 By type of exchange						
	小 计 Subtotal	考察访问 Academic visit	合作研究 Joint research	国际会议和海峡两岸会议 International conferences and sides of the strait meeting	培 训 Training	科技展览 S&T exhibition	其 他 Others
合 计 Total	**14132**	**4799**	**3536**	**5316**	**193**	**57**	**231**
亚洲 Asia	2993	807	696	1339	94	8	49
阿富汗 Afghanistan	2				2		
阿拉伯联合酋长国 United Arab Emirates	1	1					
阿曼 The Sultanate of Oman	3	1		2			
巴基斯坦 Pakistan	111	30	32	41	5	3	
巴林王国 The Kingdom of Bahrain	1	1					
不丹 Kingdom of Bhutan	5			3	2		
朝鲜 PDRK	45	24	16	4	1		
东帝汶 Timor-Leste	2	2					
菲律宾 Philippines	35	8	2	17	8		
格鲁吉亚 Georgia	5	3	1	1			
哈萨克斯坦 Kazakhstan	38	11	18	9			
韩国 Korea	618	99	92	426	1		
吉尔吉斯斯坦 Kyrgyzstan	15	7	2	2	4		
柬埔寨 Cambodia	8	6		2			
卡塔尔 Qatar	1			1			

国家与地区 Country and region	按交流形式分类统计 By type of exchange						
	小计 Subtotal	考察访问 Academic visit	合作研究 Joint research	国际会议和海峡两岸会议 International conferences and sides of the strait meeting	培训 Training	科技展览 S&T exhibition	其他 Others
老挝 Laos	6	1		5			
马尔代夫 Maldives	2	2					
马来西亚 Malaysia	78	9	19	37	7		6
蒙古 Mongolia	28	8	9	2	9		
孟加拉国 Bangladesh	11	6	2	2	1		
缅甸 Myanmar	14	9	4		1		
尼泊尔 Nepal	32	5	2	18	7		
日本 Japan	946	275	267	371	6	5	22
沙特阿拉伯 Saudi Arabia	37	21	12	4			
斯里兰卡 Sri Lanka	29	6	3	17	2		1
塔吉克斯坦 Tadzhikistan	25	8	4	9	4		
泰国 Thailand	105	54	21	21	9		
土耳其 Turkey	25	3	9	12	1		
土库曼斯坦 Turkmenistan	3	2		1			
乌兹别克斯坦 Uzbekistan	45	13	14	17	1		
新加坡 Singapore	164	61	17	75	1		10
叙利亚 Syrian	22	20	2				
亚美尼亚 Armenia	6	5		1			
也门 Yemen	2	2					
伊拉克 Iraq	6		1	1			4

国家与地区 Country and region	按交流形式分类统计 By type of exchange						
	小 计 Subtotal	考察访问 Academic visit	合作研究 Joint research	国际会议和海峡两岸会议 International conferences and sides of the strait meeting	培 训 Training	科技展览 S&T exhibition	其 他 Others
伊朗 Iran	76	15	17	44			
以色列 Israel	130	14	45	70	1		
印度 India	228	46	69	105	7		1
印度尼西亚 Indonesia	32		6	13	8		5
约旦 Jordan	4		4				
越南 Vietnam	33	18	3	6	6		
亚洲其他国家 Others in Asia	14	11	3				
欧洲 Europe	5484	1775	1579	2007	42	33	48
爱尔兰 Ireland	17	1	6	9		1	
奥地利 Austria	73	39	8	26			
白俄罗斯 Belarus	27	3	24				
保加利亚 Bulgaria	11	2	8	1			
比利时 Belgium	106	34	37	35			
冰岛 Iceland	3	2		1			
波兰 Poland	70	11	26	33			
丹麦 Denmark	382	217	119	45	1		
德国 Germany	1105	325	353	397	6	12	12
俄罗斯 Russia	534	130	197	191	9	3	4
法国 France	969	274	241	419	14	11	10
芬兰 Finland	133	88	24	19	2		
荷兰 Netherlands	289	162	64	59		2	2

国家与地区 Country and region	按交流形式分类统计 By type of exchange						
	小计 Subtotal	考察访问 Academic visit	合作研究 Joint research	国际会议和海峡两岸会议 International conferences and sides of the strait meeting	培训 Training	科技展览 S&T exhibition	其他 Others
捷克 Czech	54	12	16	26			
克罗地亚 Croatia	3		2	1			
拉脱维亚 Latvia	2			2			
立陶宛 Lithuania	4			4			
罗马尼亚 Romania	12	5	1	6			
马其顿 Macedonia	1			1			
摩纳哥 Monaco	1			1			
挪威 Norway	48	8	18	22			
葡萄牙 Portugal	21	3	7	11			
瑞典 Sweden	112	36	24	41		1	10
瑞士 Switzerland	114	27	31	55	1		
塞尔维亚 Serbia	24	7	9	8			
斯洛伐克 Slovak	21	7	7	7			
斯洛文尼亚 Slovenlia	8		4	4			
乌克兰 Ukraine	59	9	28	22			
西班牙 Spain	115	20	20	75			
希腊 Greece	22	7	8	7			
匈牙利 Hungary	18	4	3	11			
意大利 Italy	286	60	92	130	2		2
英国 England	840	282	202	338	7	3	8

国家与地区 Country and region	按交流形式分类统计 By type of exchange						
	小 计 Subtotal	考察访问 Academic visit	合作研究 Joint research	国际会议和海峡两岸会议 International conferences and sides of the strait meeting	培 训 Training	科技展览 S&T exhibition	其 他 Others
非洲 Africa	210	72	37	76	25		
阿尔及利亚 Algeria	7		2	5			
埃及 Egypt	21	3	10	7	1		
埃塞俄比亚 Ethiopia	7	2	1	3	1		
贝宁 Benin	1			1			
布隆迪 Burundi	4	3			1		
几内亚比绍 Guinea-Bissau	3	3					
加纳 Ghana	10	5	2	3			
津巴布韦 Zimbabwe	4	3			1		
喀麦隆 Cameroon	12	6	3	2	1		
科特迪瓦 Cote d'ivoire	2	1		1			
肯尼亚 Kenya	12	4	3	1	4		
利比里亚 Liberia	3	2		1			
卢旺达 Rwanda	5	4			1		
马达加斯加 Madagascar	1			1			
马拉维 Malawi	1				1		
毛里求斯 Mauritius	2	2					
毛里塔尼亚 Mauritania	3	3					
摩洛哥 Morocco	3	2		1			
纳米比亚 Namibia	2	2					

国家与地区 Country and region	按交流形式分类统计 By type of exchange						
	小 计 Subtotal	考察访问 Academic visit	合作研究 Joint research	国际会议和海峡两岸会议 International conferences and sides of the strait meeting	培 训 Training	科技展览 S&T exhibition	其 他 Others
南非 South Africa	38	8	2	26	2		
尼日利亚 Nigeria	32	2	12	14	4		
塞拉利昂 Sierra Leone	2	2					
塞内加尔 Senegal	2			2			
苏丹 Sudan	4	4					
南苏丹 South Sudan	3	1		2			
坦桑尼亚 Tanzania	6			3	3		
突尼斯 Tunisia	3		2	1			
乌干达 Uganda	4	2		1	1		
赞比亚 Zambia	11	8			3		
刚果 Congo	1				1		
乍得 Chad	1			1			
北美洲 North America	3813	1584	935	1154	24	13	103
哥斯达黎加 Costarica	11	9	1	1			
格林纳达 Grenada	1	1					
古巴 Cuba	17		8	9			
加拿大 Canada	418	153	117	139	1	1	7
美国 USA	3344	1416	806	992	23	11	96
墨西哥 Mexico	22	5	3	13		1	
南美洲 South America	99	18	12	68	1		

国家与地区 Country and region	按交流形式分类统计 By type of exchange						
	小 计 Subtotal	考察访问 Academic visit	合作研究 Joint research	国际会议和海峡两岸会议 International conferences and sides of the strait meeting	培 训 Training	科技展览 S&T exhibition	其 他 Others
阿根廷 Argentina	13	3	3	6	1		
巴拉圭 Paraguay	1			1			
巴西 Brazil	61	10	7	44			
厄瓜多尔 Ecuador	2	1		1			
哥伦比亚 Colombia	2	1		1			
秘鲁 Peru	4			4			
委内瑞拉 Venezuela	4	2		2			
乌拉圭 Uruguay	2	1	1				
智利 Chile	10		1	9			
大洋洲 Oceania	639	210	135	284	4	2	4
澳大利亚 Australia	551	185	115	241	4	2	4
巴布亚新几内亚 Papua New Guinea	2	2					
斐济 FiJi	1			1			
萨摩亚 Samoa	1	1					
新西兰 New Zealand	84	22	20	42			
港澳台地区 Hong Kong, Macao and Taiwan Regions	881	321	142	387	3	1	27
澳门 Macao	2	1	1				
香港 Hong Kong	390	116	53	209	3	1	8
台湾 Taiwan	489	204	88	178			19

国家与地区 Country and region	按交流形式分类统计 By type of exchange					
	小 计 Subtotal	考察访问 Academic visit	合作研究 Joint research	国际会议和海峡两岸会议 International conferences and sides of the strait meeting	培 训 Training	科技展览 S&T exhibition	其 他 Others
联合国及所属机构和其他国际组织 Others in UN System	12	12					
国别不详 Country Unknown	1			1			

11-3 国际合作及与港、澳、台地区交流派出项目按类型分类（2012 年）

Statistics of CAS Staff Sent Overseas, by Type of Exchange: 2012

单位：人次 (person・time)

国家与地区 Country and region	按交流形式分类统计 By type of exchange						
	小 计 Subtotal	考察访问 Academic visit	合作研究 Joint research	国际会议和海峡两岸会议 International conferences and sides of the strait meeting	培 训 Training	科技展览 S&T exhibition	其 他 Others
合 计 Total	**17116**	**2672**	**3260**	**10362**	**554**	**192**	**76**
亚洲 Asia	4139	573	721	2699	120	25	1
阿拉伯联合酋长国 United Arab Emirates	22	2	1	15		4	
阿曼 Oman	11		11				
阿塞拜疆 Azerbaijan	5			5			
巴基斯坦 Pakistan	67	27	18	21		1	
不丹 Bhutan	1			1			
朝鲜 PDRK	32	26	6				
菲律宾 Philippines	19			17	2		
格鲁吉亚 Georgia	3		1	1	1		

续表 11-3

国家与地区 Country and region	按交流形式分类统计 By type of exchange						
	小计 Subtotal	考察访问 Academic visit	合作研究 Joint research	国际会议和海峡两岸会议 International conferences and sides of the strait meeting	培训 Training	科技展览 S&T exhibition	其他 Others
哈萨克斯坦 Kazakhstan	79	20	45	14			
韩国 Korea	789	56	60	656	17		
吉尔吉斯斯坦 Kyrgyzstan	18	2	16				
柬埔寨 Cambodia	29	7	10	10	2		
卡塔尔 Qatar	8			8			
老挝 Laos	35	23	6	2	4		
马来西亚 Malaysia	62	13	1	46	2		
蒙古 Mongolia	44	17	15	12			
孟加拉国 Bangladesh	1			1			
缅甸 Myanmar	34	18	10	6			
尼泊尔 Nepal	61	15	5	38	3		
日本 Japan	1700	183	355	1088	60	14	
沙特阿拉伯 Saudi Arabia	6		2	4			
斯里兰卡 Sri Lanka	22	9	4	9			
塔吉克斯坦 Tajikistan	48	16	29	3			
泰国 Tailand	202	21	17	153	7	3	1
土耳其 Turkey	50			48	2		
乌兹别克斯坦 Uzbekistan	18	3	15				
新加坡 Singapore	375	47	49	267	10	2	
亚美尼亚 Armenia	5		2	3			

续表 11-3

国家与地区 Country and region	按交流形式分类统计 By type of exchange						
	小 计 Subtotal	考察访问 Academic visit	合作研究 Joint research	国际会议和海峡两岸会议 International conferences and sides of the strait meeting	培 训 Training	科技展览 S&T exhibition	其 他 Others
伊朗 Iran	27	12	11	4			
以色列 Israel	103	13	21	69			
印度 India	180	5	5	163	7		
印度尼西亚 Indonesia	26	10	2	13	1		
约旦 Jordan	1					1	
越南 Vietnam	56	28	4	22	2		
欧洲 Europe	5800	938	1385	3119	230	115	13
爱尔兰 Ireland	70		8	62			
爱沙尼亚 Estonia	2	1		1			
奥地利 Austria	200	10	26	157	4	3	
白俄罗斯 Belarus	26	7	19				
保加利亚 Bulgaria	11	1	6	4			
比利时 Belgium	158	31	32	91	4		
冰岛 Iceland	9	6		3			
波兰 Poland	72	2	15	55			
丹麦 Denmark	138	41	28	61	7		1
德国 Germany	1371	205	369	673	61	62	1
俄罗斯 Russia	397	65	133	187	5	7	
法国 France	898	137	205	499	42	13	2
芬兰 Finland	113	37	35	35	2	3	1

国家与地区 Country and region	按交流形式分类统计 By type of exchange						
	小 计 Subtotal	考察访问 Academic visit	合作研究 Joint research	国际会议和海峡两岸会议 International conferences and sides of the strait meeting	培 训 Training	科技展览 S&T exhibition	其 他 Others
荷兰 Netherlands	279	75	39	160	1	1	3
捷克 Czech	70	11	9	50			
克罗地亚 Croatia	10	2	2	6			
拉脱维亚 Latvia	3		2	1			
立陶宛 Lithuania	7			7			
罗马尼亚 Roumania	21	5	1	15			
马其顿 Macedonia	1			1			
挪威 Norway	48	19	19	10			
葡萄牙 Portugal	83	5	18	60			
瑞典 Sweden	118	24	21	69	4		
瑞士 Switzerland	348	52	133	145	13	5	
塞尔维亚 Serbia	14	4	4	6			
塞浦路斯 Cyprus	6	4		2			
斯洛伐克 Slovak	20		2	13	5		
斯洛文尼亚 Slovenia	4		1	1		2	
乌克兰 Ukraine	19	3	12	4			
西班牙 Spain	176	37	12	118	8		1
希腊 Greece	81	5	1	74	1		
匈牙利 Hungary	27	7	6	14			
意大利 Italy	384	49	57	248	23	6	1

国家与地区 Country and region	按交流形式分类统计 By type of exchange						
	小 计 Subtotal	考察访问 Academic visit	合作研究 Joint research	国际会议和海峡两岸会议 International conferences and sides of the strait meeting	培 训 Training	科技展览 S&T exhibition	其 他 Others
英国 England	615	93	170	286	50	13	3
欧洲其他国家（地区） Others in Europe	1			1			
非洲 Africa	303	106	71	117	5	3	1
阿尔及利亚 Algeria	1			1			
埃及 Egypt	12	2	4	3		3	
埃塞俄比亚 Ethiopia	5		3	2			
布隆迪 Burundi	7	7					
加纳 Ghana	5	5					
津巴布韦 Zimbabwe	1			1			
科特迪瓦 Cote d'ivoire	1		1				
肯尼亚 Kenya	44	21	15	8			
卢旺达 Rwanda	24	14	10				
马达加斯加 Madagascar	3	2	1				
毛里求斯 Mauritius	11	5		6			
毛里塔尼亚 Mauritania	19	4	13	2			
摩洛哥 Morocco	21	4		17			
莫桑比克 Mozambique	1			1			
南非 South Africa	82	9	9	64			
尼日尔 Niger	3		3				
尼日利亚 Nigeria	9	4	5				

续表 11-3

国家与地区 Country and region	按交流形式分类统计 By type of exchange						
	小 计 Subtotal	考察访问 Academic visit	合作研究 Joint research	国际会议和海峡两岸会议 International conferences and sides of the strait meeting	培 训 Training	科技展览 S&T exhibition	其 他 Others
塞舌尔 Seychelles	1	1					
斯威士兰 Swaziland	1			5			
苏丹 Sudan	12	3	4		5		
坦桑尼亚 Tanzania	23	21	2				
突尼斯 Tunisia	3			2			1
乌干达 Uganda	7	1	1	5			
赞比亚 Zambia	3	3					
北美洲 North America	4340	462	835	2840	140	48	15
安提瓜和巴布达 Antigua and Barbuda	1		1				
巴哈马 Bahamas	3	3					
哥斯达黎加 Costarica	6			6			
古巴 Cuba	10	8		2			
加拿大 Canada	459	60	81	292	17	8	1
美国 USA	3813	374	752	2510	123	40	14
墨西哥 Mexico	28	6		22			
特立尼达和多巴哥 Trinidad and Tobago	3	3					
波多黎各 Puerto Rico	14	5	1	8			
牙买加 Jamaica	3	3					
南美洲 South America	189	58	18	110	2	1	
阿根廷 Argentina	34	14	3	16		1	
巴拿马 Panama	3			3			

国家与地区 Country and region	按交流形式分类统计 By type of exchange					
	小 计 Subtotal	考察访问 Academic visit	合作研究 Joint research	国际会议和海峡两岸会议 International conferences and sides of the strait meeting	培 训 Training	科技展览 S&T exhibition	其 他 Others
巴西 Brazil	104	27	11	64	2		
玻利维亚 Bolivia	1			1			
厄瓜多尔 Ecuado	4	2		2			
哥伦比亚 Colombia	4	1		3			
库腊索岛 Curacao	2		2				
秘鲁 Peru	14	3		11			
乌拉圭 Uruguay	3			3			
智利 Chile	20	11	2	7			
大洋洲 Oceania	805	111	113	543	36		2
澳大利亚 Australia	727	92	103	495	35		2
密克罗尼西亚 Micronesia	10	6	4				
新喀里多尼亚 New Caledonia	8			8			
新西兰 New Zealand	60	13	6	40	1		
南极洲 Antarctica	15	13	2				
南极 South Pole	15	13	2				
北极洲 Arctic	10	9	1				
北极 North Pole	10	9	1				
港澳台地区 Hong Kong, Macao and Taiwan regions	1514	401	114	934	21		44
澳门 Macao	105	26	14	64			1
香港 Hong Kong	616	87	84	419	21		5
台湾 Taiwan	793	288	16	451			38
国别不详 Country Unknown	1	1					

11-4 在国际组织任职人员情况（2012）

Statistics of CAS Professionals Holding Posts in Various International Organizations: December, 2012

	人数 Person		人数 Person
一、在国际组织任职人员分布情况 International organizations in which CAS professionals hold posts	656	国际催化学会联盟 International Association of Catalysis Societies (IACS)	1
发展中国家科学院 The Academy of Sciences for the Developing World (TWAS)	168	国际动物学会 The International Society of Zoological Sciences (ISZS)	2
国际天文学联盟 International Astronomical Union (IAU)	5	亚洲科学院协会 Association of Academies of Sciences in Asia (AASA)	1
国际山地综合开发中心 International Center for Integrated Mountain Development (ICIMOD)	2	国际心理学联合会 International Union of Psychological Science (IUPsyS)	3
联合国教科文组织 United Nations Educational, Scientific and Cultural Organization (UNESCO)	4	其他国际组织 Other international organizations	435
国际自然与自然资源保护联盟 International Union for Conservation of Natural Resources (IUCN)	10	二、其中在国际组织担任重要职务情况 Of which, major posts held by CAS professionals	158
国际纯粹与应用化学联盟 International Union of Pure and Applied Chemistry (IUPAC)	5	主席 President	45
国际纯粹与应用物理学联盟 International Union of Pure and Applied Physics (IUPAP)	6	副主席 Vice President	35
国际地圈生物圈计划 The International Geosphere Biosphere Program (IGBP)	6	常务理事 Executive Council Member	62
国际科学理事会 International Council for Science (ICS)	3	国家代表 National Representative	9
国际第四纪研究联盟 International Union for Quaternary Research (INQUA)	3	秘书长 Secretary-General	7
国际科学院委员会 Interacademy Council (IAC)	1	三、在国际组织任职人员中的院士人数 Number of CAS and CAE members who hold international organization posts	156
国际科学院组织 Interacademy Panel on International Issues (IAP)	1		

十二、文献情报、图书出版

DOCUMENTATION, INFORMATION AND OTHER PUBLICATIONS

12-1 文献情报系统馆藏文献情况
Statistics of Documentation Collected by CAS Documentation and Information System

单位：万册　　　　(ten thousand volumes)

年 份 Year	文献收藏总量 Total collection		图 书 Books			期 刊 Periodicals			其他文献 Others
		其中：国家科学图书馆总分馆藏书量 Of which: Total books collected by NSL and 3 Branches	合 计 Total	中 文 Chinese	外文 Foreign languages	合 计 Total	中 文 Chinese	外 文 Foreign languages	
1950	63	34	51			12	6	6	
1955	272	118	182	115	67	88	26	62	2
1959	813	413	484	347	137	314	81	233	15
1965	1542	849	851	608	243	664	221	433	27
1978	867	692	367	184	183	193	102	91	307
1981	1753	876	668	354	314	679	190	489	406
1985	2104	962	600	312	288	1089	352	737	415
1988	2935	1240	679	359	320	1809	367	1442	447
1990	2565	1033	836	402	434	1729	357	1372	530
1991	3306	1269	810	392	418	1834	396	1438	662
1992	3032	1446	821	402	419	1553	353	1200	658
1993	3006	1450	786	409	377	1563	364	1199	657
1994	3032	1224	791	456	335	1592	368	1224	649
1995	3632	1232	768	394	374	2236	533	1703	628
1996	3700	1248	764	405	359	2316	549	1767	620
1997	3673	1271	681	339	342	2366	567	1799	626
1998	3606	1345	586	282	304	2295	540	1754	726
1999	4150	1358	629	322	307	2180	564	1616	1342
2000	3807	1365	782	450	332	2183	555	1627	843
2001	3624	1377	741	431	311	2037	538	1499	846
2002	3284	1105	678	416	263	1739	522	1216	868
2003	3194	1432	691	390	301	1713	551	1162	790
2004	3432	1667	711	402	309	1897	556	1341	824
2005	3311	1714	692	394	298	1894	566	1328	725
2006	3327	1369	663	375	288	1943	617	1326	721
2007	3341	1527	681	393	288	1790	525	1265	870
2008	3322	1524	642	375	267	1733	514	1219	947
2009	3923	1506	485	245	240	2528	531	1997	910
2010	4045	1614	486	245	241	2589	543	2046	970
2011	3846	1400	491	247	244	2604	548	2056	751
2012	11914	1530	657	416	241	1615	591	1024	9643

注：1. 中国科学院国家科学图书馆（筹）。

Note: National Science Library, Chinese Academy of Sciences.

2. 中国科学院文献情报系统包括中国科学院国家科学图书馆总馆、分馆和研究所文献情报机构。

CAS documentation and information system includes NSL, 3 Branches and documentation and information services in the institutes of CAS.

12-2 数字文献资源建设（2012 年）
Digital Documentation Resources: 2012

	开通数据库（种） Accessible data bank (title)		全文期刊（种） Full-text periodicals (title)		自建数据库（种） Independent data bank (title)	
	二次文献数据库 Secondary document bank	全文数据库 Full-text data bank	外文 Foreign languages	中文 Chinese	文献库 Document bank	非文献库 Non-document bank
总　计 Total	**211**	**393**	**30954**	**41238**	**1939**	**104**
其中：国家科学图书馆总分馆 Of which: Collected by NSL and 3 Branches	44	114	7899	14000	25	49

12-3 文献情报系统馆藏图书、期刊情况（2012 年）
Statistics of Books and Periodicals Collected by CAS Documentation and Information System: 2012

单位：万册 (ten thousand volumes)

	合 计 Total	中 文 Chinese	西 文 Western languages	日 文 Japanese	俄 文 Russian	其 他 Other languages
图书总册数 Total number of books	658	416	207	9	25	1
其中: 国家科学图书馆总分馆 Of which: Collected by NSL and 3 Branches	171	80	85	1	5	
期刊总册数 Total items of periodicals	1616	591	809	116	100	
其中:国家科学图书馆总分馆 Of which: Collected by NSL and 3 Branches	838	287	408	81	62	

12-4 文献情报系统馆藏其他文献情况（2012 年）

Statistics of Other Documents Collected by CAS Documentation and Information System: 2012

	古籍（册）Ancient books (volume)	学位论文（篇）Theses (article)	会议录（册）Proceedings (volume)	专利文献（件）Patents (item)	照片图纸（张）Photos and blueprints(frame)	科技报告（篇）S&T report (article)
总 计 **Total**	**694306**	**5557132**	**212180**	**89389123**	**1825245**	**358003**
其中：国家科学图书馆总分馆 Of which: Collected by NSL and 3 Branches	477079	1925605	190634	2355956	2000	244347

	成果资料（件）Achievement documents (item)	标准文献（件）Standard documents (item)	音像制品（盒）Audio-visual document (box)	缩微制品（盒）Microform (box)	其他（件）Others (item)	
总 计 **Total**	**196122**	**22829**	**64370**	**1245560**	**835731**	
其中：国家科学图书馆总分馆 Of which: Collected by NSL and 3 Branches		19148	56825	1217908		

12-5 文献情报系统情报服务情况（2012 年）

Documentation Services Provided by CAS Documentation and Information System: 2012

	文献流通（册·次）Documents circulated (volume · times)	馆际互借（册·次）Inter-library loans (volume · times)	全文传递（篇）Document delivery (article)	全文库下载量（篇）Full-text download (article)	网络服务（点击次数）Services of a network (times)	国际交换（册）International document exchange (volume)	文献复制（页）Document reproduction (page)	到所培训/读者培训（次）On-site /User trainning (times)
总 计 **Total**	**856845**	**10190**	**143806**	**31490647**	**8947119**	**15896**	**2308516**	**1902**
其中：国家科学图书馆总分馆 Of which: Collected by NSL and 3 Branches	162181	2534	106319	36801600	1950893	469	79493	879

12-6 文献情报系统情报加工与服务情况（2012 年）

Information Processing and Services Provided by CAS Documentation and Information System: 2012

	情报服务 Information services			二次文献加工 Secondary information processing		情报调研报告（篇）Information analysis reports (article)
	专题咨询（次）Special subject consultation (time)	文献检索（条）Documentation retrieval (item)	科技查新（项）Novelty-searching (item)	文摘（条）Abstract (item)	数据库数据加工（条）Data processing (item)	
总 计 **Total**	**53763**	**199852**	**12552**	**801050**	**15690965**	**951**
其中：国家科学图书馆总分馆 Of which: Collected by NSL and 3 Branches	30978	61329	3617	736075	15162625	652

12-7 图书

Classification of

年 份 Year	合 计 Total		科学出版社 Science Press		
	初版（种） First edition (title)	重版（种） Republication (title)	初版书 First edition		
			种 (title)	万字 (ten thousand Chinese characters)	万册 (ten thousand volumes)
总 计 Total	**51495**	**55177**	**48570**	**1898313**	**40161**
1950~1954	238		238	3157	106
1955~1965	3301	1557	3301	71427	1396
1966~1970	172	126	172	4834	188
1971~1977	892	177	892	21508	3981
1978~1985	3140	748	3140	89744	5867
1986~1990	2707	479	2480	76280	1758
1991~1995	2925	881	2439	90186	2270
1996~2000	4582	3809	4088	183618	4099
2001	1335	1549	1215	56990	948
2002	1519	1827	1377	59359	1711
2003	2149	2605	1982	75112	2056
2004	2982	3175	2877	111849	2589
2005	2602	3678	2500	99628	1517
2006	2490	3295	2344	97995	1596
2007	2559	3895	2447	111446	1331
2008	3183	3486	3015	132087	1469
2009	3553	5174	3383	165253	1598
2010	3533	5927	3402	159585	1759
2011	3937	6667	3786	153117	1840
2012	3696	6122	3492	135138	2082

出版情况
Books Published

重版书 Republication		中国科学技术大学出版社 University of Science and Technology of China Press				
		初版书 First edition			重版书 Republication	
种 (title)	万册 (ten thousand volumes)	种 (title)	万字 (ten thousand Chinese characters)	万册 (ten thousand volumes)	种 (title)	万册 (ten thousand volumes)
53442	**68820**	**2925**	**112825**	**2343**	**1735**	**1243**
1557	452					
126	26					
177	1547					
748	2483					
436	365	227	7130	256	43	78
631	990	486	16315	886	250	321
3605	5141	494	20644	306	204	205
1471	2787	120	4804	50	78	35
1755	3910	142	5434	75	72	36
2546	4663	167	6869	88	59	39
3124	4844	105	4460	48	51	23
3614	4198	102	4401	79	64	38
3213	4252	146	5700	66	82	33
3785	4333	112	4742	41	110	44
3390	4478	168	6551	63	96	41
5018	5635	170	7464	230	156	74
5798	5878	131	5141	40	129	70
6488	6739	151	5703	53	179	115
5960	6099	204	7467	62	162	91

12-8 图书出版情况（2012年）
Classification of Books Published: 2012

单位：种 (title)

学科及书类 Field and type	合 计 Subtotal	科学出版社 Science Press	中国科学技术大学出版社 University of Science and Technology of China Press
总 计 Total	**9818**	**9452**	**366**
一、按学科分 By field			
数学、力学 Mathematics & mechanics	640	599	41
物理 Physics	238	210	28
化学 Chemistry	312	290	22
天文学 Astronomy	89	88	1
地学 Earth sciences	106	105	1
生物学 Biological sciences	310	301	9
技术科学 Technological sciences	1821	1758	63
综合类 Comprehensive	6302	6101	201
二、按书类分 By type			
专著 Monographs	1186	1154	32
基础理论 Basic theory	429	183	246
论文集 Collected works	68	66	2
应用技术 Applied technology	280	229	51
基本资料 Basic information	95	95	
工具书 Reference books	2	2	
科普 Popular science	281	278	3
综述评论 Reviews			
其他 Others	7477	7445	32

12-9 自然科学期刊分类情况（2012 年）

Classification of Periodicals in Natural Sciences: 2012

单位：种 (title)

	总计 Total	学术 Academic journals	技术 Technological journals	检索 Retrieval journals	科普 Popular science	指导 Instructional journals
一、期刊总数 Total number of periodicals	336	271	26	2	26	11
二、刊期 Frequency						
周刊 Weekly	1				1	
旬刊 Three issues per month	2	2				
半月刊 Semimonthly	8	3			5	
月刊 Monthly	131	100	11	1	14	5
双月刊 Bimonthly	135	115	13	1	3	3
季刊 Quarterly	58	50	2		3	3
半年刊 Semiannually	1	1				
三、学科 Field						
综合 Comprehensive	34	19			6	9
数学 Mathematics	18	16	1	1		
力学 Mechanics	9	9				

续表 12-9

	总计 Total	学术 Academic journals	技术 Technological journals	检索 Retrieval journals	科普 Popular science	指导 Instructional journals
物理学 Physics	32	27	4		1	
化学 Chemistry	26	25	1			
天文学 Astronomy	9	7	1		1	
地学 Earth sciences	56	51			5	
生物学 Biological sciences	55	49		1	5	
农学 Agriculture sciences	6	5	1			
环境科学 Environmental sciences	18	17	1			
技术科学 Technological sciences	64	43	15		6	
其他 Others	9	3	2		2	2

注：其中英文版期刊 73 种。

Note: There are 73 journals published in English.

(G-2518.01)

ISBN 978-7-03-039317-3